汽车电工从入门到精通

(彩色图解+视频)

东莞市凌泰教学设备有限公司　组编
于海东　蔡晓兵　主编

本书作为机械工业出版社已出版的《汽车维修从入门到精通》一书的姊妹篇，延续整个丛书的特点，先从电工基础知识入手，再到汽车电气系统结构组成、基本原理、最后到电气系统检测、零部件更换、故障排除等实际维修操作。

书中采用高清图解形式展示汽车各电气系统结构组成，并对图片做相应处理，清晰展示各系统零部件在车身的安装位置，再辅以简明扼要、恰到好处的讲解文字，使初入门的维修工真正做到看得懂图，读得懂原理。

电气系统检测与更换部分同样采用高清图详解电气系统检测步骤、零部件的更换流程，相关图片同样经过仔细加工处理，部件清晰、重点突出。

故障诊断与排除部分精选各电气系统常见的、易发的、典型的故障现象，给出诊断方法和排除流程，此部分根据需要结合流程图、框图等多种表现手法，确保让维修工更轻松地了解掌握诊断方法和诊断流程。

最后，本书还精选了一些电气系统的典型故障案例，为维修工掌握实际维修技巧提供参考帮助。

图书在版编目（CIP）数据

汽车电工从入门到精通：彩色图解＋视频／于海东，蔡晓兵主编 . —北京：机械工业出版社，2020.8（2025.3 重印）
ISBN 978-7-111-66129-0

Ⅰ.①汽⋯ Ⅱ.①于⋯ ②蔡⋯ Ⅲ.①汽车 – 电工技术 Ⅳ.① U463.6

中国版本图书馆 CIP 数据核字（2020）第 128717 号

机械工业出版社（北京市百万庄大街 22 号　邮政编码 100037）
策划编辑：连景岩　张彩峰　　责任编辑：连景岩　张彩峰　刘　煊
责任校对：王明欣　　　　　　责任印制：郜　敏
中煤（北京）印务有限公司印刷
2025 年 3 月第 1 版第 5 次印刷
184mm×260mm · 15.25 印张 · 348 千字
标准书号：ISBN 978-7-111-66129-0
定价：78.00 元

电话服务　　　　　　　　网络服务
客服电话：010-88361066　　机　工　官　网：www.cmpbook.com
　　　　　010-88379833　　机　工　官　博：weibo.com/cmp1952
　　　　　010-68326294　　金　书　网：www.golden-book.com
封底无防伪标均为盗版　　　机工教育服务网：www.cmpedu.com

  进入 21 世纪后，我国汽车工业的市场容量、生产规模迅速扩大，全面融入世界汽车工业体系。目前，我国的汽车产销量已经跃居世界第一。为了帮助更多的驾驶员和汽车院校学生以及刚刚接触汽车维修保养的初级维修工人熟悉汽车电工知识及维修技能，我们特编写了本书。

  本书采用高清大图及图解的形式描述汽车电工知识及维修技能。具有内容直观、具体全面、资料新颖等特点。同时采用"互联网+"形式，在书中适当位置插入二维码，读者可使用移动设备扫描二维码观看汽车电工基础知识及汽车电工维修相关视频。

  本书共分 12 章，以简明扼要的文字配以高清彩色大图，从汽车电工基础，电工术语与概念，电路基础，电路中的导线、插接器及电路识读等基础知识入手详细介绍了汽车电气系统基本组成、汽车电工维修常用检测工具、仪器，汽车电气系统故障诊断基础知识入门，电源系统，充电、起动系统，点火系统，发动机、自动变速器控制系统，汽车制动控制系统（ABS、ASR、ESP、电子驻车制动及自动驻车系统等），汽车空调系统，汽车照明、仪表报警信息系统，汽车电动辅助系统（电动座椅、电动门窗、电动后视镜、刮水器/洗涤器系统），汽车中控门锁、防盗系统，汽车音响、导航等系统的结构、原理、部件更换以及常见故障排除方法。

  本书可作为学习汽车技术的参考书、工具书，适合汽车专业院校师生、汽车维修从业人员以及汽车驾驶员阅读使用。

  本书由东莞市凌泰教学设备有限公司组编，于海东、蔡晓兵主编，参加编写的还有徐永金、陈文韬、邓冬梅、蔡志海等。

  由于本书涉及内容广泛，加之编者水平有限，因此书中难免有不妥之处，恳请广大读者批评指正。

编 者

目录 Contents

前　言

视频清单

赠送大众车系电路图识读动画

第1章　汽车电工基础 1

1.1 汽车电工定义与基本技能 2
- 1.1.1 汽车电工定义 2
- 1.1.2 汽车电工应具备的基本技能 2

1.2 汽车电工术语与概念 3
- 1.2.1 电压 3
- 1.2.2 电流 3
- 1.2.3 电阻 4
- 1.2.4 线圈和电感 6
- 1.2.5 二极管 7
- 1.2.6 晶体管 10

1.3 电路基础 11
- 1.3.1 简单电路 11
- 1.3.2 串联电路 12
- 1.3.3 并联电路 12
- 1.3.4 电路保护装置 12
- 1.3.5 继电器 15
- 1.3.6 开关 17

1.4 电路中的导线、插接器 19
- 1.4.1 导线 19
- 1.4.2 插接器 22

1.5 电路识读 23
- 1.5.1 电路图种类 23
- 1.5.2 吉利汽车电路图识读与分析 ... 28

第2章　汽车电气系统的基本组成及故障诊断入门 33

2.1 汽车电气系统的基本组成 34
- 2.1.1 电源系统 34
- 2.1.2 充电系统 34
- 2.1.3 起动系统 35
- 2.1.4 点火系统 35
- 2.1.5 发动机控制系统 36
- 2.1.6 自动变速器控制系统 36
- 2.1.7 汽车制动控制系统 36
- 2.1.8 汽车空调系统 38
- 2.1.9 照明系统 38
- 2.1.10 仪表与报警信息系统 40
- 2.1.11 汽车电动辅助系统 40
- 2.1.12 中控门锁系统 43
- 2.1.13 防盗系统 44
- 2.1.14 汽车音响系统 45
- 2.1.15 汽车导航系统 45

2.2 汽车电工常用检测工具、仪器 ... 46
- 2.2.1 跨接线 46
- 2.2.2 试灯 47
- 2.2.3 万用表 48
- 2.2.4 汽车专用万用表 51
- 2.2.5 钳形电流表 52
- 2.2.6 汽车故障诊断仪 54

2.3 汽车电气系统故障诊断基础知识入门 54
- 2.3.1 故障类型 54
- 2.3.2 诊断基本流程和注意事项 55
- 2.3.3 电气系统检查的基本方法 56
- 2.3.4 维修中的禁忌事项 57

第3章　电源系统 61

3.1 电源系统基本组成和工作原理 ... 62

3.2 蓄电池的作用、分类 62
- 3.2.1 蓄电池的作用 62
- 3.2.2 蓄电池的分类 62

3.3 蓄电池的结构、工作原理、型号 62
- 3.3.1 普通铅酸蓄电池的结构 62
- 3.3.2 蓄电池的工作原理 65
- 3.3.3 蓄电池的型号 65
- 3.3.4 车用低压磷酸铁锂电池 66
- 3.3.5 宝马车型用低压锂电池 67

3.4 蓄电池的检查与维护 69

目 录

    3.4.1　蓄电池的检查 69
    3.4.2　蓄电池的维护 73

3.5　蓄电池的充电 73
    3.5.1　充电方法 73
    3.5.2　充电注意事项 74

第 4 章　充电、起动系统 75

4.1　充电系统 76
    4.1.1　充电系统组成和充电过程 76
    4.1.2　交流发电机的作用与结构 77
    4.1.3　交流发电机的检查与维护 80
    4.1.4　充电系统常见故障诊断
           与排除 83

4.2　起动系统 87
    4.2.1　起动系统的组成及起动过程 ... 87
    4.2.2　起动机的构造及拆装 88
    4.2.3　起动系统常见故障诊断
           与排除 92

第 5 章　点火系统 95

5.1　点火系统组成、作用及工作原理 ... 96
    5.1.1　点火系统组成 96
    5.1.2　无分电器计算机控制点火系统
           的工作原理 98

5.2　点火系统主要部件的检查与更换 ... 99
    5.2.1　点火线圈的检查 99
    5.2.2　火花塞的检查 100
    5.2.3　点火系统检修 101

第 6 章　发动机、自动变速器控制
　　　　系统 111

6.1　发动机控制系统 112
    6.1.1　发动机控制系统组成与基本
           原理 112
    6.1.2　发动机控制系统传感器基本
           原理、检测及更换 113
    6.1.3　发动机控制系统执行器基本
           原理、检测及更换 124

    6.1.4　发动机控制系统常见故障诊断
           与排除 127

6.2　自动变速器控制系统 138
    6.2.1　自动变速器控制系统组成与
           基本原理 138
    6.2.2　自动变速器控制系统传感器／开关
           基本原理、检测及更换 139
    6.2.3　自动变速器控制系统电磁阀
           基本原理、检测及更换 143

第 7 章　汽车制动控制系统 149

7.1　汽车行车制动控制系统组成及
　　　相互关系 150
    7.1.1　防抱死制动系统（ABS） 150
    7.1.2　牵引力控制系统（ASR） 153
    7.1.3　电子稳定程序系统（ESP）... 153

7.2　汽车制动控制系统传感器基本
　　　原理、检测和更换 154
    7.2.1　轮速传感器 154
    7.2.2　转向角传感器（方向盘角度
           传感器） 157
    7.2.3　横向加速度传感器 159
    7.2.4　横摆率传感器 159
    7.2.5　制动压力传感器 160

7.3　电子驻车制动及自动驻车系统 ... 161
    7.3.1　概述 161
    7.3.2　组成与原理 162

7.4　汽车制动控制系统常见故障诊断
　　　与排除 163
    7.4.1　ABS 工作异常 163
    7.4.2　ABS 失效 164
    7.4.3　ABS 警告灯常亮 165

第 8 章　汽车空调系统 167

8.1　汽车空调系统组成及工作原理 .. 168
    8.1.1　汽车空调的组成 168
    8.1.2　空调系统工作原理 169
    8.1.3　自动空调控制系统 170

8.2 汽车空调系统主要部件 172
8.2.1 空调压缩机与电磁离合器 172
8.2.2 冷凝器与蒸发器 173
8.2.3 膨胀阀 174
8.2.4 储液干燥器 175
8.2.5 传感器 176
8.2.6 伺服电动机 176
8.2.7 制冷剂 R134a 与冷冻油 177
8.2.8 空调高压管、空调低压管、空调压力开关 177

8.3 汽车空调系统常见检测设备 177
8.3.1 检漏设备 177
8.3.2 歧管压力计 178
8.3.3 检查、抽取、抽真空和加注一体机 181
8.3.4 制冷剂加注回收清洗一体机 181

8.4 汽车空调部件的检修、更换与维护技巧 181
8.4.1 汽车空调系统的检修与更换 181
8.4.2 汽车空调维护注意事项 186
8.4.3 汽车空调系统的维护 186

8.5 汽车空调系统常见故障诊断与排除 187
8.5.1 汽车故障经验诊断法 187
8.5.2 空调系统不制冷和制冷效果不佳故障排除方法 188

第 9 章 汽车照明、仪表报警信息系统 191

9.1 汽车照明系统 192
9.1.1 汽车照明系统原理 192
9.1.2 汽车照明系统维修与故障诊断 194

9.2 汽车仪表报警信息系统 199
9.2.1 电子组合仪表的作用与组成 199
9.2.2 电子组合仪表更换 202

第 10 章 汽车电动辅助系统 203

10.1 汽车电动座椅 204
10.1.1 汽车电动座椅概述 204
10.1.2 汽车电动座椅更换与常见故障排除方法 205

10.2 电动门窗 207
10.2.1 电动门窗基本组成 207
10.2.2 电动门窗拆卸及常见故障诊断 208

10.3 电动后视镜 211
10.3.1 电动后视镜基本组成 211
10.3.2 电动后视镜拆卸及常见故障诊断 212

10.4 刮水器／洗涤器系统 214
10.4.1 刮水器／洗涤器系统基本组成 214
10.4.2 刮水器／洗涤器系统拆卸检测及常见故障诊断 216

第 11 章 汽车中控门锁、防盗系统 221

11.1 汽车中控门锁系统 222
11.1.1 中控门锁系统基本组成 222
11.1.2 中控门锁系统拆卸及常见故障诊断 224

11.2 防盗系统 226

第 12 章 汽车音响、导航系统 229

12.1 汽车音响系统基本组成 230
12.2 汽车导航系统基本组成 231
12.3 汽车音响、导航系统拆卸及常见故障诊断 232

视频清单

页码	视频名称	页码	视频名称
P3	1- 电压	P88	17- 起动机的组成
P4	2- 电流	P100	18- 火花塞的检查与更换
	3- 电阻	P125	19- 发动机喷油器的拆装
P6	4- 欧姆定律	P154	20-ABS 泵的拆卸与更换
P7	5- 二极管	P179	21- 制冷剂的排放（使用加注机） 22- 制冷剂的加注（使用加注机） 23- 制冷剂的排放（使用压力表） 24- 制冷剂的加注（使用压力表）
P10	6- 晶体管的概念	P193	25- 汽车灯光与照明系统
P34	7- 汽车电气设备概述	P195	26- 远、近光灯泡的拆装 27- 转向灯的检测与更换
		P196	28- 制动灯的检测 29- 倒车灯的检测 30- 行车灯的测量与更换
P48	8- 万用表的使用	P199	31- 汽车仪表信息系统
P62	9- 汽车电源系统	P205	32- 电动座椅拆装
P63	10- 蓄电池的结构	P207	33- 电动车窗检测
P65	11- 蓄电池工作原理	P212	34- 外后视镜开关总成的检查 35- 左侧外后视镜总成的拆装
P66	12- 蓄电池型号的认识	P214	36- 汽车刮水器系统
P69	13- 蓄电池更换	P215	37- 洗涤液检查与加注 38- 刮水器的检查与更换 39- 刮水器电动机的检测
P81	14- 汽车交流发电机的拆装与检修	P226	40- 汽车防盗系统
P83	15- 不充电故障检修 16- 充电指示灯故障检修	P233	41- 后扬声器的拆装 42- 前门 1 号扬声器的拆装 43- 前门 2 号扬声器的拆装

赠送大众车系电路图识读动画

名称	图形	名称	图形
44- 汽车电路图特点概述		53-CAN-BUS 数据传递过程	
45- 汽车电路图组成		54-CAN-BUS 数据内容	
46- 电路图识读的基本方法		55-CAN-BUS 数据传输优先级确认	
47-J519 电路识读		56- 网关 Gate-way 系统	
48- 燃油泵电路图识读		57-LIN-BUS 系统	
49-CAN-BUS 系统由来		58- 诊断总线	
50-CAN-BUS 发展史		59- 大众汽车 CAN-BUS 类型	
51-CAN-BUS 基本原理		60- 交互学习环节	
52-CAN-BUS 系统组成			

第 1 章 汽车电工基础

Chapter 1

1.1	汽车电工定义与基本技能	2
1.2	汽车电工术语与概念	3
1.3	电路基础	11
1.4	电路中的导线、插接器	19
1.5	电路识读	23

1.1 汽车电工定义与基本技能

1.1.1 汽车电工定义

汽车电工是指从事复杂的汽车电源系统、充电系统、起动系统、点火系统、发动机控制系统、汽车底盘电控系统、空调系统、照明系统仪表与报警信息系统、电动辅助系统和全车线路等的检查与维护、拆装、故障诊断与排除的汽车维修人员。

1.1.2 汽车电工应具备的基本技能

汽车电工的基本任务就是对汽车电器与电子控制装置进行安装、维护与修理,以确保汽车电气设备能够正常运行。对于刚入门的学员来说,要顺利完成这些基本任务,就需要先掌握一些基本技能。

1. 熟悉汽车电路基本元件

汽车电路常用基本元件主要有继电器、开关、二极管、晶体管等。汽车电工必须了解汽车常用元件在汽车上的应用及其工作原理。

2. 掌握常用图形符号

汽车电器的电路原理图主要由各种单元电路组成,各单元电路又由各种元器件根据不同功能的需要组合而成。因此,要想轻松看懂汽车电器电路图,首先要认识电路图中各种元器件(零部件)的符号,并懂得各种元器件的基本知识。特别是各种元器件的符号,作为初学者一定要熟悉它们。

3. 具备汽车电器基本电路识图技能

根据汽车电路图的不同用途,可绘制不同形式的电路图,主要有原理框图、电路原理图、接线图、线束图和零件位置图。

在识读汽车电器的基本电路原理图时,可采用一个单元电路一个单元电路地找出其相应元器件的方法,对元器件的有关基础知识也应有所了解,并找出它们的电流走向,最终使整个原理图一目了然。汽车上各种电子电器装置繁多,电路密集、纵横交错,要修好汽车电气设备,必须读懂和掌握汽车电路图。

4. 认识汽车各系统及部件

充分了解汽车各系统及部件,是汽车电工维修的基础。了解各个系统的组成、工作原理,在系统出现故障时,才能更快地确认故障部位。

5. 了解汽车电工维修基本设备

汽车电工维修常用跨接线、试灯、万用表、解码仪、示波器等设备,作为初学者需要了解电工维修常用设备的作用及其使用方法。

6. 熟悉电工维修中的禁忌和注意事项

认识和了解汽车电工维修的禁忌和注意事项是为了保障维修人员的安全,以及避免系统部件的损坏,是保证人身安全和财产安全的重要知识。

1.2 汽车电工术语与概念

1.2.1 电压

1. 电压的概念

电压是造成电流流过导体的压力(电动势)。电压是两个原子之间由于正负电荷量的失衡而具有的电位差。电压也称电势差或者电位差,电压符号是 U,计量单位是 V。

电压可以比作水塔内生成的水压,如图 1-2-1 所示。压力是由塔顶(相当于 12V)和塔底或地面(相当于 0V)之间的位差产生的。蓄电池正极接线柱与底盘接地之间产生的电位差正是推动电流流过电路的电压。

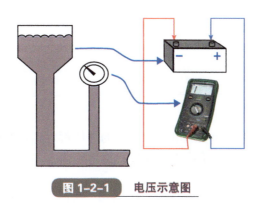

1- 电压

图 1-2-1　电压示意图

2. 电压的类型

数值和极性保持不变的电压称为直流电压,使用最多的是直流电压电源,包括原电池(蓄电池)、发电机(部分接有整流器)、光电池(太阳能系统)。数值大小和极性不断变化的电压称为交流电压。

1.2.2 电流

1. 电流的概念

电流是指电荷载体(例如物质中或者真空中的自由电子或离子)的定向移动。每个时间单位内流动的电子（电荷载体）数量就是电流。每秒钟内流经导体的电子越多，电流就越大。电流的符号是 I，计量单位是 A。

电压是指正负端之间的电位差，电流是电的实际流动。仍以水塔为例，如图 1-2-2 所示，从水塔到地面的实际水流相当于电流。只有受到电压作用时才会有电流。

2. 电流的类型

直流电流（DC）是指方向、大小保持不变的电流。

交流电流（AC）是指以周期方式改变其极性（方向）和电流值（强度）的电流。电流变化频率（通常也称为电源频率）表示每秒钟内电流朝向同方向流动的次数。

2-电流

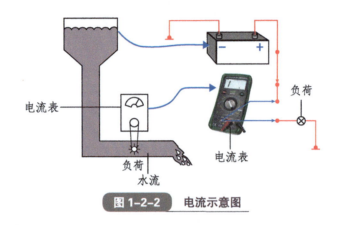

图 1-2-2　电流示意图

1.2.3　电阻

1. 电阻的概念

物质对电流的阻碍称为物质的电阻。所有的导体都对电流有阻力，如铜、铁、金、银都对电流有阻力，电阻小的物质称为电导体，简称导体，电阻大的物质称为电绝缘体。电阻的符号是 R，计量单位是 Ω。

如图 1-2-3 所示，电阻如同水管中的一个缩颈，电路中的电阻越大，电流越小。

3-电阻

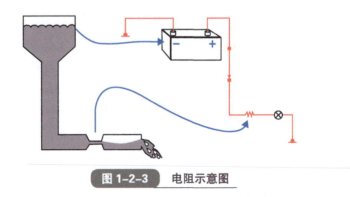

图 1-2-3　电阻示意图

2. 电阻的类型

(1) 定值电阻

定值电阻的电阻值是固定的，它用于降低电路中的电压或限制电流。定值电阻可根据其用途装在某一部件里或接在电路上。

电阻线用于向已知负载提供预定电压。电流通过电阻线时，电压会因电阻而降低。可根据检测出的电压降的情况，来执行预先设定的反应措施。较为典型应用是车灯故障警告系统。

(2) 步进电阻

步进电阻具有2个或2个以上可供选择的固定电阻值。将导线连接到电阻器上不同的抽头接线端，就可获得几种不同的电阻值。空调鼓风机上用的电阻就属于这一类。选择鼓风机风量控制钮，可增加或减少鼓风机串联电路中的电阻，以减小或增加鼓风机的电流，从而选择鼓风机风量。

(3) 可变电阻

可变电阻利用2个或多个锥管和1个滑臂可获得一定范围内的电阻值。转柄电阻器是可变电阻的一种形式。仪表板的照明控制和收音机的音量控制，都是可变电阻在汽车上应用的例子。

3. 电阻的影响因素

导体的计算公式

$$R = \rho \frac{L}{S}$$

式中　L——导体的长度；

　　　S——导体的横截面积；

　　　ρ——导体的电阻率，导体不同，ρ值一般不同。

在长度L和横截面积S相同的情况下，电阻率越大的导体，电阻越大。

导体的电阻还受温度的影响，一般情况下，导体的温度越高，电阻越大。例如，常温下的灯泡（白炽灯），内部钨丝的电阻很小，通电后的钨丝的温度达到1000℃以上，其电阻急剧增大。导体温度下降电阻减小，某些导电材料在温度下降到某一值时，电阻会突然变为零，这种现象称为超导现象，具有这种性质的材料称为超导材料。

4. 电压、电流、电阻的关系

电压、电流、电阻是组成任何汽车电子电路的三大要素，图1-2-4描述了三者之间的关系。电压是电子流过导体（电路）形成电流的动力，而电阻就是电子移动过程中遇到的阻力。不过必须理解，没有电压与接地的闭合回路，就不会有电流。有了电压和电流便可以做功，比如点亮车灯。

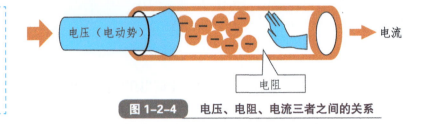

4-欧姆定律

图 1-2-4　电压、电阻、电流三者之间的关系

1.2.4　线圈和电感

1. 线圈和电感的概念与应用

电感器（电感线圈）简称电感，如图 1-2-5 所示。线圈是由漆包线按一定的方式绕制而成的。当线圈中有电流通过时，线圈的周围就会产生磁场。电感器工作能力的大小用电感量来表示，它说明了产生感应电动势的能力，电感量的基本单位是 H。

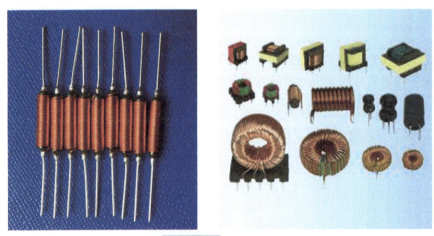

图 1-2-5　电感线圈

线圈和电感元件在汽车上的应用颇多，例如点火线圈，变压器、继电器的磁力开关、曲轴传感器、凸轮轴传感器等。

2. 磁力线圈和电磁感应

线圈是指缠绕在一个固体上的导线，这个固体主要是用于固定较细的导线。

在有电流经过线圈时，就会产生磁场，线圈将电能储存在磁场中。切断电流时，磁能重新转化为电能，产生感应电压。线圈最重要的物理特性是其电感，除了电感外，实际线圈还具有其他一些（通常不希望出现的）特性，例如电阻或电容。在线圈中放入一个铁心，可使磁场强度增大 1000 倍，带有铁心的线圈称为"电磁铁"，但铁心不是电路的一部分。

电感原理如图 1-2-6 所示。电导体或线圈在磁场中移动或磁场强度改变时，导体或线圈内都会产生电压。该过程称为电磁感应，产生的电压称为感应电压。感应电压的大小取决于磁场强度（绕组数量、电流和线圈结构）。

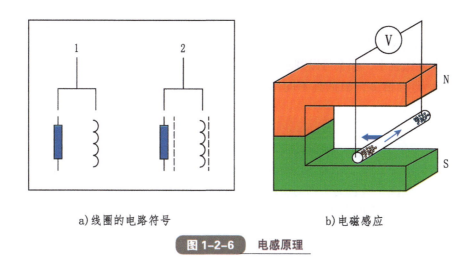

a)线圈的电路符号　　　　　b)电磁感应

图 1-2-6　电感原理

1.2.5　二极管

二极管又称晶体二极管。半导体按其导电类型的不同，分为 P 型半导体和 N 型半导体两类。把一小块半导体的一边制成 P 型，另一边制成 N 型，则在 P 型半导体和 N 型半导体的交接面处形成 PN 结。而晶体二极管实际上是一个由 P 型半导体和 N 型半导体形成的 PN 结，与 P 型半导体连接的电极称为正极（阳极），与 N 型半导体连接的电极称为负极（或阴极）。二极管的内部结构、图形符号如图 1-2-7 所示。

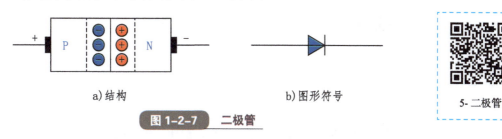

a)结构　　　　　　　　b)图形符号

图 1-2-7　二极管

由图 1-2-8 给出的二极管性质说明图可知，当二极管正极与电源正极连接，负极与电源负极相连时，二极管能导通，反之二极管不能导通，二极管的这种单方向导通的性质称为二极管的单向导电性，即只往一个方向传送电流。

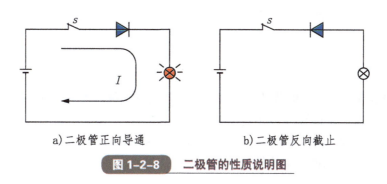

a)二极管正向导通　　　　　　b)二极管反向截止

图 1-2-8　二极管的性质说明图

检查二极管最好的方法是检测二极管的单向导电性。用万用表检测二极管的电阻，如果二极管正向的电阻比较小，反向电阻比较大，说明二极管是良好的；如果二极管正反向电阻都比较大或比较小，那么可以判断二极管是损坏的。

二极管种类有很多，根据其不同用途，可分为整流二极管、稳压二极管、发光二极管等。

1. 整流二极管

整流二极管是一种将交流电转变为直流电（即输入的是交流电，输出的是直流电）的半导体元器件。整流二极管的实物与整流电路如图1-2-9所示。例如，汽车发电机上的整流器就是使用整流二极管组成的桥式整流电路，将交流发电机产生的交流电转换成可供汽车电器使用的直流电。

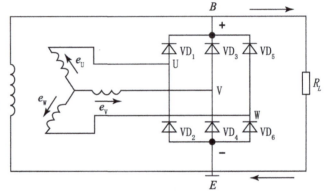

图 1-2-9　整流二极管与整流电路

2. 稳压二极管

稳压二极管又称齐纳二极管或反向击穿二极管，稳压二极管的实物及稳压电路如图1-2-10示。当外加的反向电压大到一定数值时，其反向电流就会突然增大，二极管即可导电，此现象称为反向击穿。只要对反向电流进行限制，这种击穿就是非破坏性的。稳压管被击穿后，尽管通过管子的电流能在很大范围内变化，但稳压管两端的电压变化很小或几乎不变。稳压管就是利用这种特性来实现稳压的，稳压二极管用在汽车电子系统中用于稳压和限制电压峰值。

3. 发光二极管

发光二极管是一种光-电转换元器件，发光二极管实物和符号如图1-2-11所示。它能将电能转化成光能，常简写为LED。当给发光二极管加上正向电压，注入一定的电流后，电子与空穴不断流过PN结或与之类似的结构面，当电子与空穴复合时能辐射出可见光。LED正向驱动发光，只需低电压即可工作，工作电流小，发光均匀，寿命长，可发出红、黄、绿单色光。

 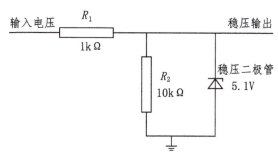

图 1-2-10　稳压二极管及简单稳压电路

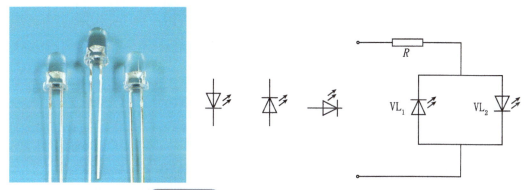

图 1-2-11　发光二极管与发光二极管符号

4. 光电二极管

光电二极管也是光-电转换元器件，它能将光转化成电信号。光电二极管实物和符号如图 1-2-12 所示。它的核心部分也是一个 PN 结，和普通二极管相比，PN 结面积尽量做得大一些，电极面积尽量小些，PN 结的结深很浅，一般小于 1μm，并且光电二极管的外壳上有一个透明的窗口，这些都是为了便于接收光线照射，实现光电转换。光电二极管在现代汽车电器上主要用作光断路器，一种是透过型光断路器，如光电式凸轮轴位置传感器；另一种是反射型光断路器，如雨量传感器。

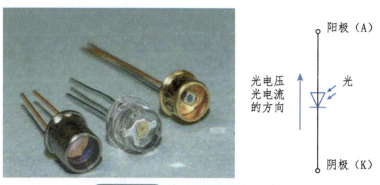

图 1-2-12　光电二极管与图形符号

1.2.6 晶体管

6-晶体管的概念

晶体管又称晶体三极管，是一种具有放大功能的半导体器件，是电子电路的核心元器件之一，晶体管有 PNP 型和 NPN 型两种。晶体管的实物图如图 1-2-13 所示、晶体管类型和结构如图 1-2-14 所示。

图 1-2-13　晶体管

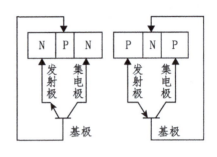

图 1-2-14　晶体管类型和结构

晶体管有两个 PN 结，其中基极和发射极之间的 PN 结称为发射结，基极与集电极之间的 PN 结称为集电结。两个 PN 结将晶体管内部分成三个区，与发射极相连的区称为发射区，与基级相连的区称为基区，与集电极相连的称为集电区。晶体管三个电极分别称为集电极（用 c 表示）、基极（用 b 表示）、发射极（用 e 表示），晶体管的图形符号如图 1-2-15 所示。

下面以 NPN 型晶体管为例介绍其放大原理，如图 1-2-16 所示。

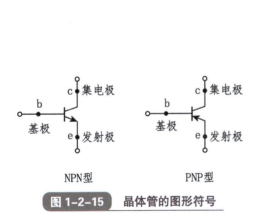

图 1-2-15　晶体管的图形符号

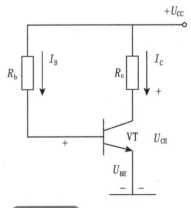

图 1-2-16　晶体管的工作原理

当基极电压 U_{BE} 有一个微小的变化时，基极电流 I_B 也会随之有微小的变化，受基极电流 I_B 的控制，集电极电流 I_C 会有一个很大的变化，基极电流越大，集电极电流也越大。反之，基极电流越小，集电极电流也越小，即基极电流控制集电极电流的变化。但是，集电极电流的变化比基极电流的变化大得多,这就是晶体管的放大作用。晶体管的放大作用是利用基极电流的微小变化控制集电极电流较大的变化,同理晶体管还可以用于电压和功率的放大。

1.3 电路基础

1.3.1 简单电路

1. 电路的定义与组成

电流通过的路径称为电路。简单电路一般由电源、负载、开关和连接导线4个基本部分组成,如图1-3-1所示。

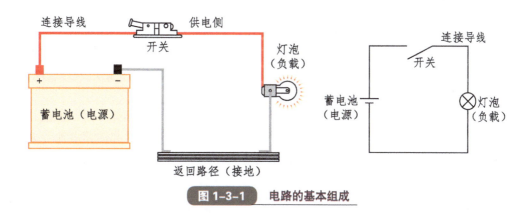

图1-3-1　电路的基本组成

1)电源是把非电能转换成电能的装置,如蓄电池、发电机等。
2)负载是把电能转换成其他形式能量的装置,如车灯、电动机等。
3)开关是接通或断开电路的控制元件,如刀开关、自动空气开关等。
4)连接导线把电源、负载及开关连接起来,组成一个闭合回路,起传输和分配电能的作用。

2. 电路的形式

电路通常有通路、开路及短路三种状态。
通路:电路构成闭合回路,电路中有电流流过。
开路:电路断开,电路中无电流通过,开路又称为断路。在开路电路中,开关断开电路,中断了电流。
短路:短路是电源未经负载而直接由导体构成闭合回路。短路时电源输出的电流比允许的通路工作电流大很多倍,电源损耗大量的能量。一般不允许短路,当然短路状态也可以应用,如保护接零时,使电路短路,以便保护用电器产生动作而切断电源,以达到保护人身安全的目的。

1.3.2 串联电路

串联就是将所有的负荷（负载电阻）连接成一个通路，如图1-3-2所示。它的特点是各负荷中通过的电流相等，串联电路的总电阻等于各电阻之和。在电源串联电路中，电源总电压等于各电源电压之和。在柴油车的电源供应上，通常用两个12V蓄电池串联得到24V电压。

在一个串联电路中，由于电荷移动的路线只有一条，因此相同的电流经过每个电阻（负载），电压会因为串联电阻数量的增多而下降。电阻越大，在电路中的串联分压就越大，也就是说每个电阻两端的电压与它的电阻值大小成正比。在串联电路中，6Ω的灯泡分得的电压就是2Ω灯泡的3倍。电路中串联的灯泡越多，灯泡的亮度越暗。

1.3.3 并联电路

将几个负载的一端和另一端分别与电源相连，称为并联，如图1-3-3所示。在这个电路中有更大的横截面供电流通过，因此总电阻较小。并联电路的总电阻始终小于最小的单个用电器的电阻。用电器并联时，施加在所有用电器上的电压都相同，正是因为这种特性，并联电路在汽车中及家用和工业用电中最为常用。

将相同规格的蓄电池进行并联（正极与正极相连，负极与负极相连）时，无论并联几个，电压均保持不变，仅容量增加，是各蓄电池容量之和。当汽车的起动蓄电池亏电或电压过低时，常采用这种蓄电池并联的方式起动发动机。

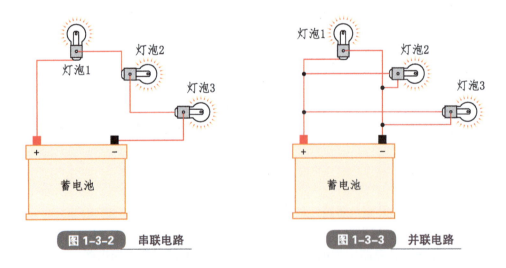

图1-3-2 串联电路　　　　图1-3-3 并联电路

1.3.4 电路保护装置

为了防止电路中导线或电气设备过载，在每个用电设备的电路中都需要电路保护装置。

当电路中电流超过规定值时,保护装置可自动将电路切断,防止烧坏电路中的导线和电气设备。所谓电路保护装置就是指汽车电路中采用的易熔线、熔丝和电路断电器等。

1. 易熔线

易熔线实物图及结构图如图 1-3-4 所示。易熔线一般装在靠近电源处,用来保护电源和大电流电路。发生过载时,易熔线中较细的线段部分会先熔断,将电路断开,避免线路受损。

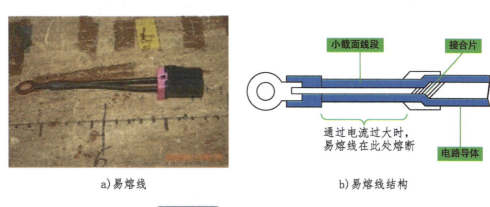

图 1-3-4　易熔线实物图及结构图

易熔线规格常用颜色来区别,盒式易熔线色标对应额定电流见表 1-3-1。

表 1-3-1　盒式易熔线色标对应额定电流

额定电流 /A	色标
20	蓝色
25	白色
30	粉色
40	绿色
50	红色

2. 熔丝

熔丝是一种插入件,两端之间有一个可以熔化的导体,当通过的电流超过规定值时导体便熔断,并能够在修复电路故障后更换。如要更换熔丝,必须按原规格进行更换。在汽车上最常见的熔丝为插片式,如图 1-3-5 所示。利用熔丝壳上的两个槽口,可以检查电压降、可用电压或导通性。

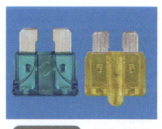

图 1-3-5　插片式熔丝

熔丝上有特定的额定电流和色标见表1-3-2。

熔丝在结构上保证了当电流到达一定值时，导体会熔化断开，从而使电路断开。这样便断开了电路，避免电路的导线与部件电流过大。以10A熔丝为例，如果电路中的电流超过10A并持续一段时间，熔丝就会断开，如图1-3-6所示。

表 1-3-2　熔丝色标对应额定电流

额定电流 /A	色标
5或者7.5	棕色
10	红色
15	蓝色
20	黄色
25	白色
30	绿色

3. 断电器

汽车电路断电器（断路器）用于平常工作时容易过载的电路，断电器按其作用形式的不同分为两种类型：循环式断电器和非循环式断电器。

循环式断电器是当电路电流过大时，双金属片受热向上变形弯曲，触点分离，自动切断电路。当双金属片冷却后，自动复位，触点闭合，电路自动接通。双金属片受热变形，触点再次打开，断电器触点周期地打开和闭合，直到纠正过载为止，如图1-3-7所示。

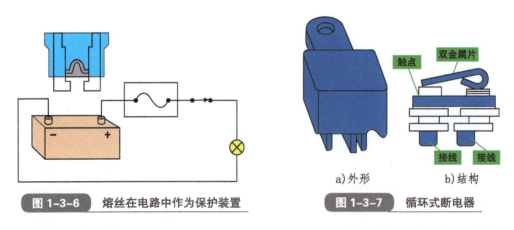

图 1-3-6　熔丝在电路中作为保护装置　　图 1-3-7　循环式断电器

非循环式断电器是当电路电流过大时，双金属片受热向上变形弯曲，触点分离，自动切断电路，保护线路及用电设备。断开电路后，需用手按下复位按钮，使双金属片复位，如图1-3-8所示。

重要的电路，比如前照灯电路，不能使用非循环式断电器，因为短暂的短路会造成电路电压中断，要等到断电器复位为止。

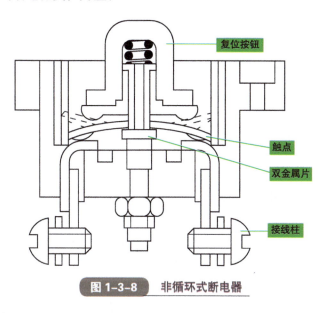

图 1-3-8　非循环式断电器

1.3.5　继电器

继电器是自动控制电路中常用的一种元件，它是利用电磁感应原理以较小的电流来控制较大电流的自动开关，在电路起着自动操作、自动调节、安全保护等作用。

1. 继电器的结构

继电器有两个主要部分：一个是线圈；另一个是触点。继电器中的线圈起到控制作用；触点的状态取决于线圈是否产生磁场。当触点闭合后，被控制的用电设备开始工作。

85# 和 86# 端子是线圈，属于控制部分，如图 1-3-9 所示。87# 和 30# 端子是触点，属于被控制部分（即输出端）。

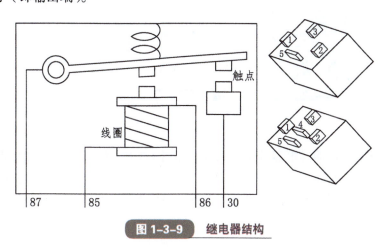

图 1-3-9　继电器结构

2. 继电器的类型

继电器按断开及接通方式可分为以下类型。

（1）常开型

常开型继电器不工作时是开路的，只有在线圈通电时才闭合，如图 1-3-10a 和图 1-3-10b 所示。

（2）常闭型

常闭型继电器的触点不工作时是闭合的，只有在线圈通电时才断开，如图 1-3-10c 所示。

（3）枢纽式

枢纽式继电器在两个触点之间切换，由线圈通电状态决定，如图 1-3-10d 所示。

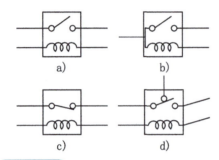

图 1-3-10　继电器按断开及接通方式分类

3. 电磁式继电器的工作原理

汽车上广泛使用电磁式继电器，这种电磁式继电器一般由铁心、线圈、衔铁、触点簧片等组成的。打开外壳后的继电器如图 1-3-11 所示。

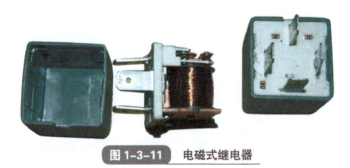

图 1-3-11　电磁式继电器

以下用电路图来说明继电器的工作原理，如图 1-3-12 所示。若一个由电源、开关及灯泡组成的电路设备，要求用强电流直接接线，则开关及接线都要有承受此强电流的能力。然而，可使用一开关利用弱电流去接通和断开一继电器，然后由后者通过的大电流去接通或断开灯泡。

当开关闭合时，电流经过触点 1 及 2 使线圈励磁，线圈的磁力吸引点 3 和 4 之间的活动触点，结果触点 3 和 4 接通并使电流流向灯泡。

当开关断开时，线圈断电，线圈的磁力也随之消失，活动触点就会在弹簧的作用力下返回原来的位置，使动触点与原来的静触点分离。

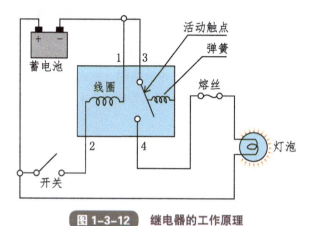

图 1-3-12　继电器的工作原理

1.3.6　开关

开关是控制汽车电路通断的关键，电路中主要的开关往往汇集许多导线，如点火开关、车灯总开关。对开关的要求是坚固耐用、安全可靠、操作方便、性能稳定。图 1-3-13 所示是汽车上的几个重要开关。

图 1-3-13　汽车上的重要开关

点火开关是汽车电路中最重要的开关，是各条电路分支的控制中心，是多档多接线柱开关。它的主要功能是：在Lock档位锁住转向盘转轴，在ON或IG档位接通点火电源、仪表指示等，还有起动（ST或Start）档、附件档（ACC主要是收放机专用）。其中操作起动档时必须用手克服弹簧力，扳住钥匙，一松手就弹回点火档，不能自行定位，其他档均可自行定位。下面以吉利帝豪点火开关为例，讲述点火开关电路及工作原理。

现代汽车大量采用四档位式点火开关，它具有0、Ⅰ、Ⅱ、Ⅲ（或LOCK、ACC、ON、START）档位，在三档位的基础上增加了一个ACC电气附件元件工作档，其他不变。图1-3-14所示为吉利帝豪四档位点火开关及工作电路图，点火开关的1、5端子为供电输入，3为ACC输出，6为点火档输出，2为大电流用电器输出，4为起动控制。起动时起开2端子输出，但不断开点火档输出端子6。

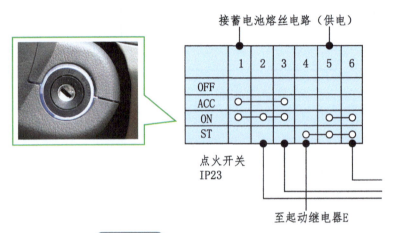

图 1-3-14　吉利帝豪点火开关电路图

随着汽车电子技术的发展，越来越多的车上开始装有智能进入和起动系统，它的点火开关也不再是传统的点火开关了。丰田凯美瑞带智能进入和起动系统的点火开关如图1-3-15所示。

当钥匙在车内时，按下"ENGINE START STOP"开关（发动机开关），能起动和停止发动机，或选择ACC、ON及关闭点火开关。

未踩下制动踏板时，按下"ENGINE START STOP"开关，可改变下列点火开关模式。慢慢用力按下"ENGINE START STOP"开关。

图 1-3-15　丰田凯美瑞带智能进入和起动系统的点火开关

第一次——ACC（附件）模式（发琥珀色光）
收放机等附件工作。
第二次——ON模式（发琥珀色光）
发动机和所有附件运转。
第三次——点火关闭（指示灯熄灭）
再次按下"ENGINE START STOP"开关，使点火开关返回ACC。

当按下"ENGINE START STOP"开关时，如果蜂鸣器响，并且智能进入和起动系统警告灯点亮，则表明钥匙不在车上。

如果踩下制动踏板，指示灯将变成绿色，如图 1-3-16 所示。指示灯变成绿色时，不管选择何种模式，按下"ENGINE START STOP"开关一次，即可起动发动机。

多功能组合开关将照明（前照灯、变光）开关、信号（转向、危险警告、超车）开关、刮水器/洗涤器开关等组合为一体，安装在便于驾驶员操纵的转向柱上。组合开关是分体式的，分灯光手柄和刮水器手柄，如图 1-3-17 所示，组合开关卡接在转向管上，左手边为灯光开关，右手边为刮水器开关。

图 1-3-16　指示灯变成绿色

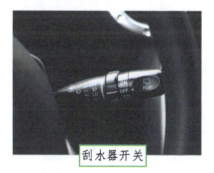

图 1-3-17　组合开关

1.4 电路中的导线、插接器

1.4.1 导线

汽车上导线有高压导线和低压导线两种，二者均采用铜质多芯软线。

1. 低压导线

（1）导线横截面积

导线的截面积主要根据其工作电流选择，但是对于一些工作电流较小的电器，为保证具有一定的机械强度，汽车电器中导线截面积不得小于 0.5mm²。各种低压导线标称截面积所允许的负载电流见表 1-4-1。

表 1-4-1 低压导线标称截面积允许负载电流值

导线标称截面积 /mm²	1.0	1.5	2.5	3.0	4.0	6.0	10	13
允许电流值 /A	11	14	20	22	25	35	50	60

汽车 12V 电系主要线路导线标称截面积推荐值见表 1-4-2 所示。

表 1-4-2 12V 电系主要线路导线标称截面积推荐值

标称截面积 /mm²	用途
0.5	尾灯、顶灯、指示灯、仪表灯、牌照灯、刮水器灯、时钟、燃油表、冷却液温度表、油压表等
0.8	转向灯、制动灯、停车灯、断电器等电路
1.0	前照灯、电喇叭（3A 以下）电路
1.5	前照灯、电喇叭（3A 以上）电路
1.5~4.0	其他 5A 以上电路
4~6	柴油车电热塞电路
6~25	电源电路
16~95	起动电路

（2）导线颜色

各国汽车厂商在电路图上大多以英文字来表示导线外皮的颜色及其条纹的颜色。国产车一般用 1 个字母表示一种颜色。日本车系常用单个字母表示，个别用双字母，其中后一位是小写字母。美国车系常用 2~3 个字母表示一种颜色，如果导线上有条纹，则要书写较多字母。德国（如大众、奥迪）车系通常用 2 个字母表示一种颜色。也有的厂商汽车采用数字代号表示导线颜色。各国车系的导线颜色代号见表 1-4-3。

表 1-4-3 汽车用导线颜色代号

导线颜色	中	英	美	日	本田现代	德	奥迪4、5、6 缸	帕萨特	奔驰	宝马	奥地利	法
黑	B	Black	BLK	B	BLK	SW	sw	BK	BK	SW	B	BL
白	W	White	WHT	W	WHT	WS	ws	WT	WT	WS	C	W
红	R	Red	WHT	R	RED	RT	ro	RD	RD	RT	A	R
绿	G	Green	GRN	G	GRN	GN	gn	GN	GN	GN	F	GN
深绿		Dark Green	DK GRN					DKGN				
淡绿		Light Green	LT GRN	Lg	LT GRN			LTGN				
黄	Y	Yellow	YEL	Y	YEL		ge	YL	YL	GE	D	Y
蓝	BL	Blue	BLU	L	BLU	BL	bl	BU	BU	BL	I	BU
淡蓝		Light Blue	LT BLU	Sb	LT BLU			LT BU			K	
深蓝		Dark Blue	DK BLU					DK BU				
粉红	P	Pink	PNK	P	PNK			PK	PK	RS	N	
紫	V	Violet	PPL	Pu	PUB	VI	li	PL(YI)	VI	VI	G	VI

(续)

导线颜色	中	英	美	日	本田现代	德	奥迪4、5、6缸	帕萨特	奔驰	宝马	奥地利	法
橙	O	Orange	ORN	Or	ORN			OG		OR		
灰	Gr	Grey	GRY	Gr	GRY	gr		GY	GY	GR		G
棕	Br	Brown	BRN	Br	BRN	BK	br	BN	BR	BR	L	
棕褐		Tan	TAN					TN				BR
无色		Clear	CLR					CR				

为了容易区别导线颜色,常采用黑、白、红、绿、黄、蓝、灰、棕、紫色;其次为粉红、橙、棕褐;再次为深蓝、浅蓝、深绿、浅绿。

双色线的主色所占的比例大一些,辅色所占的比例小一些,双色线标注中第1色为主色,第2色为辅色。例如白/黑双色线的主色为白色,放在前面,黑色为辅色,放在后面。

2. 高压导线

在汽车点火线圈或点火模块至火花塞之间的电路使用高压点火线,简称高压线。高压点火线每缸一根,它分为普通铜芯高压线及高压点火阻尼线。带阻尼的高压线可抑制和衰减点火系统产生的高频电磁波,降低对无线电设备及电控装置的干扰。如图1-4-1a所示为四缸发动机上的高压点火阻尼线。新能源汽车中高压部分采用橙色导线,以起到警示作用,如图1-4-1b所示。

a)高压点火阻尼线

b)新能源汽车高压导线

图1-4-1　汽车中的高压导线

3. 汽车线束

为使全车线路规整,安装方便及保护导线的绝缘,汽车上的全车线路除高压线、蓄电池电缆和起动机电缆外,一般将同区域的不同规格的导线用棉纱或薄聚氯乙烯塑料带缠绕包裹成束,称为线束,如图1-4-2所示。

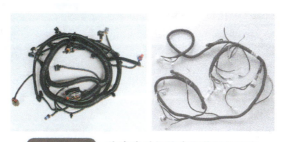

图1-4-2　汽车发动机线束和前照灯线束

1.4.2 插接器

导线插接器就是通常所说的插头和插座,用于传感器、执行器、控制单元与线束,线束与线束之间的相互连接,使之构成一个完整的电气系统。为了防止插接器在汽车行驶中脱开,所有的插接器均采用了闭锁装置。

1. 插接器的结构

插接器主要由针脚、外壳、附件组成,结构如图1-4-3所示。

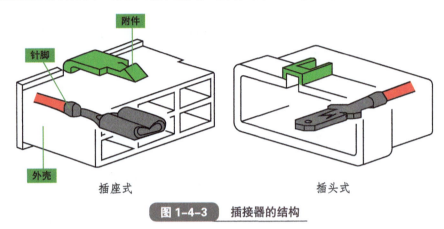

图 1-4-3　插接器的结构

2. 插接器的分类

插接器也称插头,插头可以按照连接部件和插头的结构进行分类。

1)连接部件分类如图1-4-4所示,插头有两种类型:线和线插头、线和组件插头。线和线插头指插头两端连接的都是线束,插头起到连接的作用。线和组件插头指线束连接到某些组件上的插头。

2)插头的结构分类如图1-4-5所示,插头按照结构特点可以分为公插头和母插头。公插头主要是以插针为主。母插头主要是弹簧片。

图 1-4-4　连接部件分类　　　　图 1-4-5　插头的结构分类

3. 插接器拔插标准

当断开插接器时，首先要解除闭锁，如图1-4-6所示。然后把插接器拉开，不允许在闭锁未解除的情况下用力拉扯导线，以免造成闭锁装置或连接导线的损坏。有些插接器用钢丝扣锁止，因此需要取下钢丝扣后才能将插接器剥开。要注意的是在断开插接器时，要先确认是哪种插接器。

拆卸插接器的端子与接头，需将专用工具深入接头小孔中，顶压端子的锁舌，然后移动接头。专用工具如图1-4-7所示。

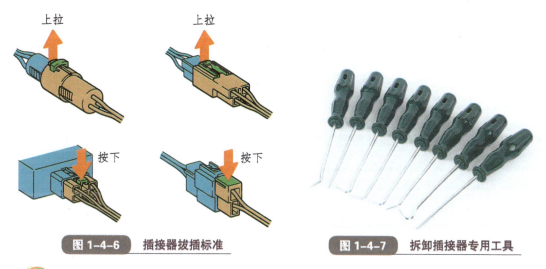

图1-4-6 插接器拔插标准　　图1-4-7 拆卸插接器专用工具

4. 插接器的检测

在检查线路的电压或者导通情况时，不必脱开插接器，只需用万用表两探针插入插接器尾部的线孔内进行测量即可。

1.5 电路识读

1.5.1 电路图种类

1. 汽车电路特点概述

汽车电路和一般电路一样，各电器间采用串联、并联和混联方式；具有通路、断路和短路三种基本工作状态；电路图中各电器采用专门的符号或图框加文字的标注方法。但汽车电路又有自身的一些特点，如图1-5-1所示。

2. 汽车电路图种类

汽车电路图是用国家标准规定的线路符号，对汽车电器的构造组成、工作原理、工作过程及安装要求给出的图解说明，也包括图例及简单的结构示意图。根据汽车电路图的不同用途，可绘制成不同形式的电路图，主要有原理框图、线束图（安装图）、零件位置图、接线图、电路原理图等。

图 1-5-1　汽车电路特点

（1）原理框图（系统图）

所谓原理框图（系统图，图 1-5-2）是指用符号或带注释的框，概略表示汽车电器基本组成，相互关系及其主要特征的一种简图。原理框图（系统图）所描述的对象是系统或分系统的主要特征，它对内容的描述是概略的，用来表示系统或分系统基本组成的是图形符号和带注释的框。

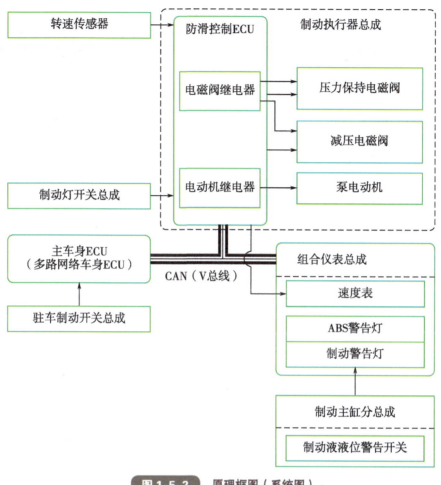

图 1-5-2　原理框图（系统图）

（2）线束图

线束图（图 1-5-3）是根据电器设备在汽车上的实际安装部位绘制的局部电路图。线束图主要表明电线束与各用电器的连接部位、接线端子的标记、线头、插接器（连接器）的形状及位置等。这种图一般不详细描绘线束内部的电线走向，只将露在线束外面的线头与插接器进行详细编号或用字母标记。

（3）元件位置图

元件位置图（图 1-5-4）是表现汽车用电设备元件安装位置的图示。它将汽车用电设备按照系统在图上标识出来，以方便维修检测时快速定位元件位置。尤其是发动机系统中传感器、执行器的位置，在维修时会经常用到。

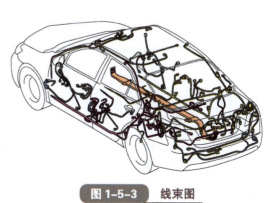

图 1-5-3　线束图

（4）接线图

所谓接线图（图1-5-5）是指专门用来标记电器设备的安装位置、外型、线路走向等的指示图。它按照全车电器设备安装的实际方位绘制，部件与部件之间的连线按实际关系绘出，为了尽可能接近实际情况，图中的电器不用图形符号，而是用该电器的外形轮廓或特征表示，在图上还应注意将线束中同路的导线尽量画在一起。这样，汽车接线图就较明确地反映了汽车实际的线路情况，查线时，很容易找到导线中间的分支、接点，为安装和检测汽车电路提供方便。

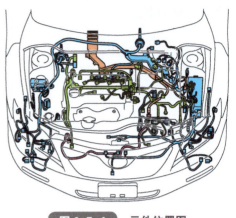

图1-5-4　元件位置图

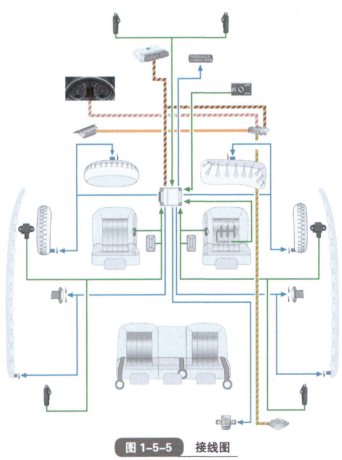

图1-5-5　接线图

（5）电路原理图

电路原理图（图1-5-6）是用电器图形符号，按工作顺序或功能布局绘制的，详细表示汽车电路的全部组成和连接关系而不考虑电器实际位置的简图。电路原理图可清楚地反映出电气系统各部件的连接关系和电路原理。

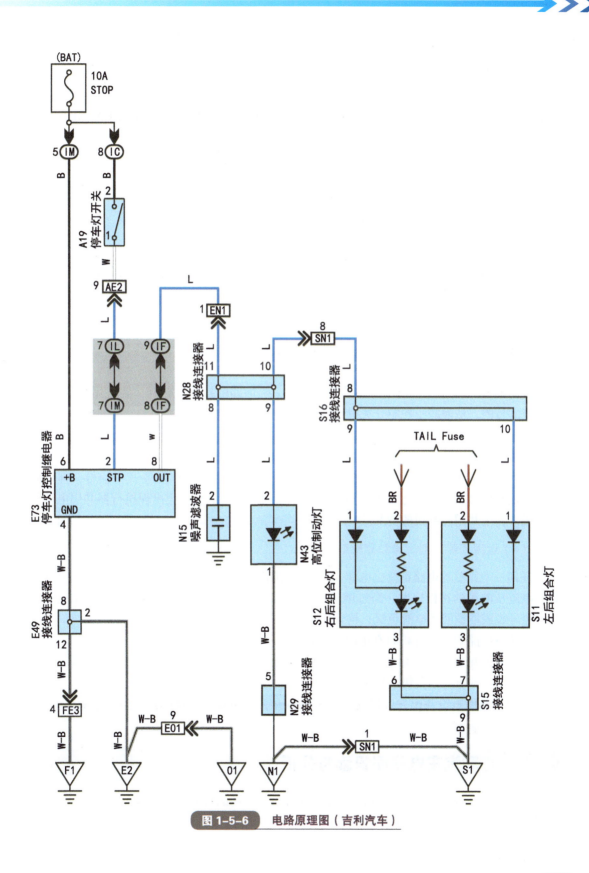

图 1-5-6　电路原理图（吉利汽车）

3. 汽车电路识读与分析方法

由于各品牌汽车电路图的绘制方法、符号标注、文字标注不同，电路图的绘制方法也有很大的差异。在进行电路图识读与分析前需要了解电路图特点，掌握汽车电路图识读的基本方法。

（1）熟悉汽车电路绘制的一般规则

用电器从左到右布置。供电电源在左、用电设备在右；信号输入在左，输出在右。供电从上到下布置。电源线在上、搭铁线在下，相关电气系统电路尽量绘制在一起。

（2）熟悉汽车电路元件符号及含义

需熟悉电路图名称，明确电气图形符号、文字标注、代码及缩略语的含义，建立电气系统元器件与图形符号间的一一对应关系。

（3）熟悉开关、继电器、传感器和执行器的作用

开关直接或间接控制用电设备。应熟悉开关的许多接线柱中，哪些是接电源的，哪些是接用电设备的。

继电器起开关作用，利用电磁的方法控制某一回路的接通或断开，实现用小电流控制大电流的目的，从而减小控制开关触点的电流负荷。

传感器感知汽车的各种运行状况，并将运行工况转变为相应的电信号，传送给电控单元。部分传感器经常会共用电源线、接地线，但绝不会共用信号线。

执行器负责执行控制单元发出的具体指令。执行器正常工作需要三个信号，即电源、接地和控制信号，控制信号由电控单元发出。在汽车电路中经常会出现执行器共用电源线、接地线，甚至共用控制线的情况。

（4）运用回路原则识读和分析电路图

任何一个完整的电路都是由电源、熔丝/熔断器、开关、控制装置、用电设备和导线组成。电流从电源的正极出发，经过熔丝/熔断器、开关、控制装置、导线等到达用电设备，在经过导线或搭铁回到电源负极，构成回路。

在进行电路识读和分析时有正向和逆向两个思路。

正向：从电源出发，沿着电流的方向，以此找到该电路的熔丝、开关、控制装置和用电设备，再回到电源的负极或搭铁。

逆向：从用电设备出发，以此查找其控制开关、连线、控制单元，到达电源正极和搭铁（或电源负极）。

1.5.2 吉利汽车电路图识读与分析

虽然不同车型的电路图不同，但汽车电路图所采用的符号大体相同。下面以吉利帝豪为例，介绍汽车电路图的识读与分析。

第1章 汽车电工基础

1. 吉利汽车电路图常见图形符号

吉利汽车电路图常见图形符号如表1-5-1所示。

表1-5-1 吉利汽车电路图常见图形符号

符号	说明	符号	说明	符号	说明
	接地		常闭继电器		蓄电池
	温度传感器		常开继电器		电容
	电磁阀		双掷继电器		点烟器
	电磁阀		电阻		天线
	小负载熔丝		电位计		常开开关
	中负载熔丝		可变电阻器		常闭开关
	大负载熔丝		点火线圈		双掷开关
	加热器		爆燃传感器		二极管
	光电二极管		发光二极管		电动机
	未连接交叉线路		相连接交叉线路		安全气囊
	螺旋电缆		灯泡		双绞线
	喇叭		起动机		氧传感器
	限位开关		安全带预紧器		

29

2. 导线颜色及连接器编号

吉利汽车电路图中导线颜色采用单双色。单色导线颜色对照如表 1-5-2 所示。如果导线为双色，则第一个字母显示导线底色，第二个字母显示条纹色，中间用"/"分隔。

表 1-5-2 单色导线颜色对照

颜色代码	导线颜色	示例	颜色代码	导线颜色	示例
B	黑色		Y	黄色	
Gr	灰色		O	橙色	
Br	棕色		W	白色	
L	蓝色		V	紫色	
G	绿色		P	粉色	
R	红色		Lg	草绿色	
C	浅蓝色				

吉利汽车电路图中的线束连接器的编号规则以线束为基准，例如发动机线束中的冷却液温度传感器线束连接器编号为 EN23，其中 EN 为线束代码，23 代表连接器序列号。电路图中各代码与其代表的线束对照如表 1-5-3 所示。

表 1-5-3 电路图中各代码与其代表的线束对照

定义	线束名称
CA	发动机舱线束
EN	发动机线束（JL4G18D+ 联电系统）
EO	发动机线束（JL4G15G,JL4G18D+ 德尔福系统）
EC	发动机线束（JL-4G18N+ 联电系统）
ED	发动机线束（JL4G18G）
EM	发动机线束（JL-4G15N）
EB	发动机线束（JL-4G18N+ 德尔福系统）
IP	仪表板线束
SO	底盘线束
DR	门线束
RF	室内灯（顶篷）线束

3. 吉利汽车电路图识读举例

吉利汽车电路图识读举例如图 1-5-7、图 1-5-8 所示。

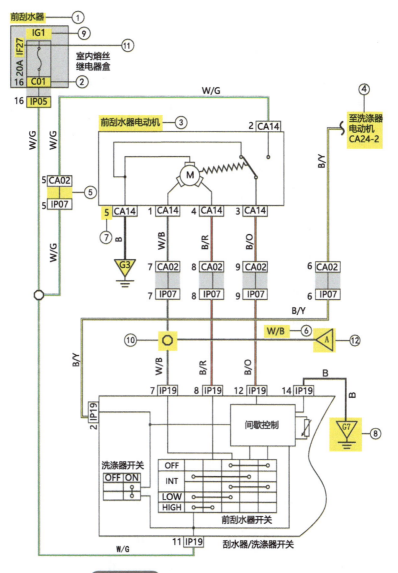

图 1-5-7　吉利汽车电路图识读举例

1—系统名称　2—线束连接器编号　3—部件名称　4—显示与此电路连接的相关系统信息　5—插头间连接采用细实线表示，并用灰色阴影覆盖，用于与物理线束进行区别，物理线束用粗实线表示，颜色与实际导线颜色一致　6—导线颜色（表12-3-2）7—接插件的端子编号，注意相互插接的线束连接器端子　8—接地点编号，接地点除发动机线束接地点以P开头外，其余以G开头的序列编号标识　9—供给于熔丝上的电源类型　10—导线节点　11—熔丝编号由熔丝、代码和序列号组成，位于发动机舱的熔丝代码为EF，室内熔丝代码为IF　12—如果一个系统内容较多，线路需要用多页表示时，线路起点用 ▶ 表示，线路到达点则用 ◀ 表示，如一张图中有一条以上的线路转入下页，则分别以B、C等字母表示，以此类推　13—如果由于车型、发动机类型或者配置不同而造成相关电路设计不同，在线路图中用虚线标示，并在线路旁添加说明（未显示）　14—如果电路线与线之间使用8字形标识，表示此电路为双绞线，主要用于传感器的信号电路或数据通信电路（未显示）　15—端子名称（未显示）

注：1. 继电器编号，用单个英文字母标识。
　　2. 如果由于车型、发动机类型或者配置不同而造成相关电路设计不同，在线路图中用虚线标示，并在线路旁添加说明。
　　3. 如果电路线与线之间使用8字形标识，表示此电路为双绞线，主要用于传感器的信号电路或数据通信电路。

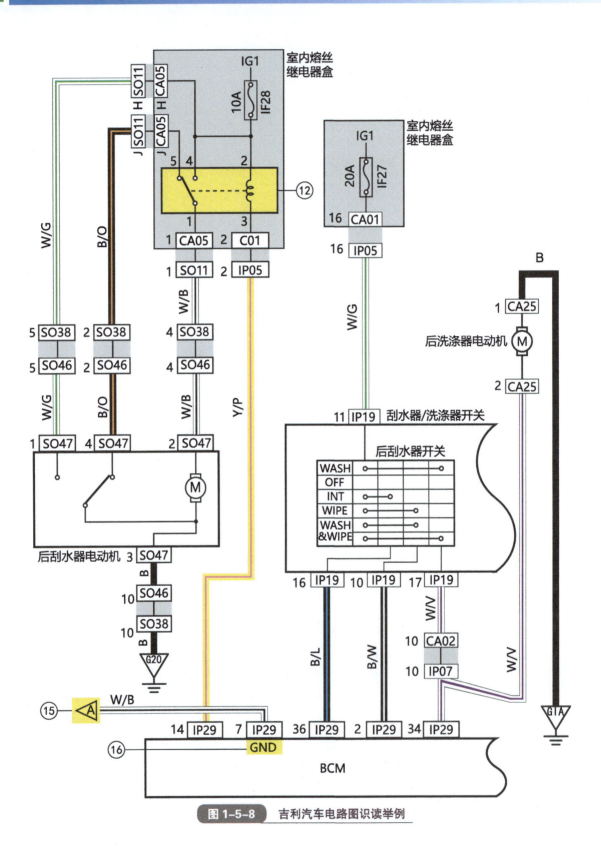

图 1-5-8 吉利汽车电路图识读举例

第 2 章 汽车电气系统的基本组成及故障诊断入门

Chapter 2

2.1 汽车电气系统的基本组成　　34

2.2 汽车电工常用检测工具、仪器　46

2.3 汽车电气系统故障诊断基础
　　知识入门　　　　　　　　　54

2.1 汽车电气系统的基本组成

2.1.1 电源系统

汽车电源系统主要由蓄电池、发电机构成。蓄电池实物如图 2-1-1a 所示，极桩上刻有 "+" 和 "-" 号，同时在正极桩周围涂以红色；负极桩周围一般涂黑色，但也有涂以蓝色、绿色的，目的是使标志明确，以防极性接错。蓄电池是一种将化学能转变为电能的装置，是可逆的低压直流电源，如图 2-1-1b 所示。

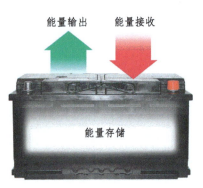

a）蓄电池　　　　　　　　b）低压直流电源

图 2-1-1　蓄电池

2.1.2 充电系统

充电系统一般由点火开关、蓄电池、发电机、调节器、充电指示灯及线束等组成。

发电机是汽车充电系统中的关键部件，作用是产生电能并将电能输送给蓄电池和车载电器。发电机输出的是交流电，为车载电器供电时需要进行转换，这就需要一个二极管整流器将交流电转换成直流电。发电机的整体结构如图 2-1-2 所示。现在汽车中使用的硅整流发电机所用的电压调节器中多为电子电压调节器，用于稳定交流发电机的输出电压。

7-汽车电气设备概述

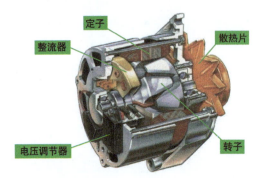

图 2-1-2　发电机的整体结构

2.1.3　起动系统

发动机靠外力驱动使之起动，从开始运转到点火做功所经历的过程称为发动机的起动。要使发动机顺利起动，必须克服运转阻力，尤其是压缩行程的压缩气体阻力和各运动件的摩擦阻力。

起动系统由蓄电池、起动机、起动继电器、点火开关和相关线路组成，如图2-1-3所示。起动机在点火开关和起动继电器的控制下，将蓄电池的电能转化为机械能，带动发动机飞轮齿圈使曲轴转动，完成发动机的起动。

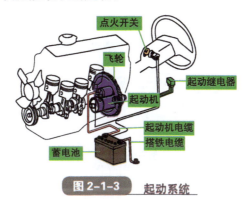

图2-1-3　起动系统

2.1.4　点火系统

在汽油发动机中，气缸内的可燃混合气是由电火花点燃的，而电火花的产生是由点火系统完成的。计算机点火控制系统的组成主要由传感器、电子控制单元、执行器（点火线圈、火花塞）等组成，部件位置如图2-1-4所示。

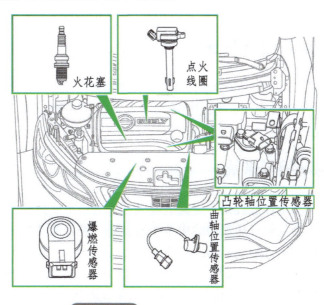

图2-1-4　点火系统部件位置图

2.1.5 发动机控制系统

发动机控制系统主要由各类传感器、控制单元（ECU）、执行器等组成。采用发动机控制系统的目的是使发动机的工作性能，在发动机的整个工况和使用寿命范围内保持最佳水平。ECU根据发动机转速、进气量、节气门位置和冷却液温度，计算出各种运行条件下的最佳参数设定。例如，使用凸轮轴位置传感器和曲轴位置传感器信号用来计算实际气门正时，并进行反馈控制以达到预定的目标气门正时。发动机控制系统组成如图2-1-5所示。

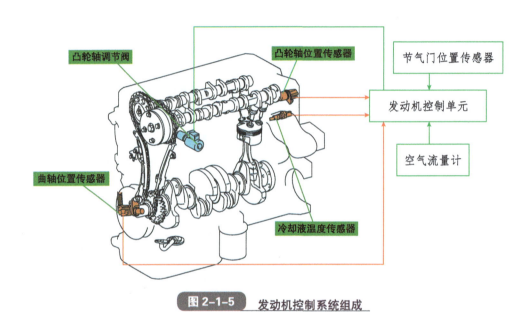

图2-1-5　发动机控制系统组成

2.1.6 自动变速器控制系统

自动变速器电子控制系统由信号输入装置（传感器和信号开关装置）、自动变速器控制单元和执行器（各类型电磁阀）组成，如图2-1-6所示。它利用电子自动控制原理来完成换档等各种控制任务。

2.1.7 汽车制动控制系统

随着人们对汽车安全性能提出了更高的要求，作为最主要的安全控制系统之一的制动控制系统，也在不断发展。从最初的皮革摩擦制动、鼓式制动器、盘式制动器到防抱死制动系统（Antilock Braking System，ABS），再到以ABS为基础研发的驱动防滑系统（Acceleration Slip Regulation，ASR）、电子稳定系统（Electronic Stability Programme，ESP）等。制动控制系统是指运用控制理论与方法对制动装置进行控制，以便达到预期控制目标的系统，如图2-1-7所示。

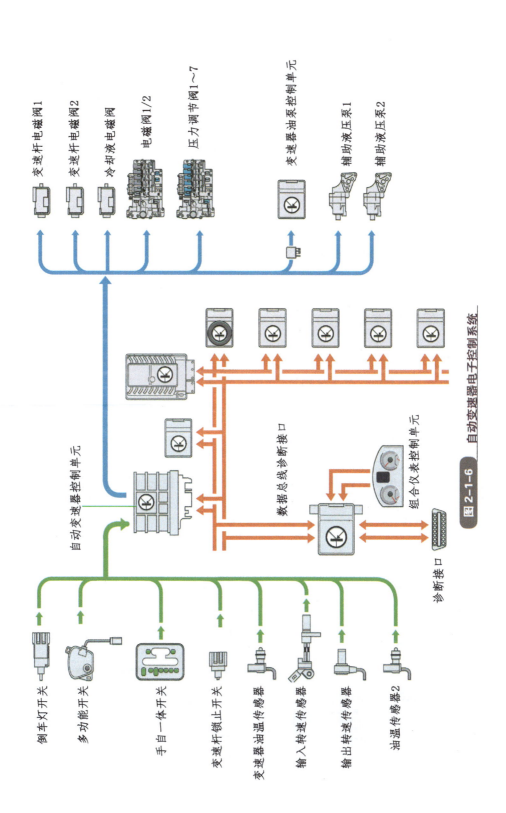

图 2-1-6　自动变速器电子控制系统

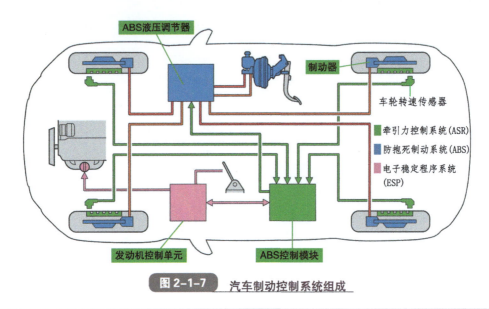

图 2-1-7　汽车制动控制系统组成

2.1.8　汽车空调系统

汽车空调系统可实现对驾驶室和车厢内的温度、湿度、空气流速和空气清洁度的调节，使驾驶员和乘客感到舒适。汽车空调系统由制冷、暖风、通风、空气净化装置和电气控制四个子系统组成，具体组成部件如图2-1-8所示。

2.1.9　照明系统

汽车照明系统由电源、控制部分及照明装置等组成。控制部分包括各种灯光开关、继电器等。照明装置包括远近光灯、位置灯、雾灯、制动灯、倒车灯、阅读灯、行李舱灯等，如图2-1-9所示。

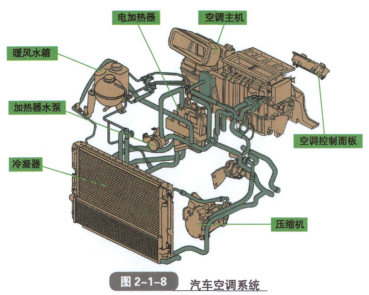

图 2-1-8　汽车空调系统

第 2 章 汽车电气系统的基本组成及故障诊断入门

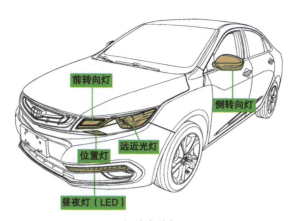

a) 前车外灯

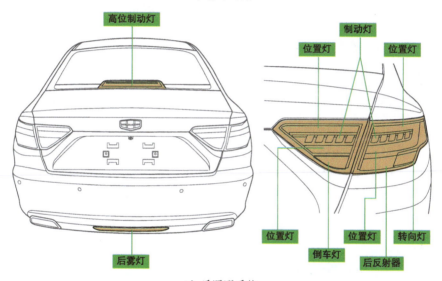

b) 后照明系统

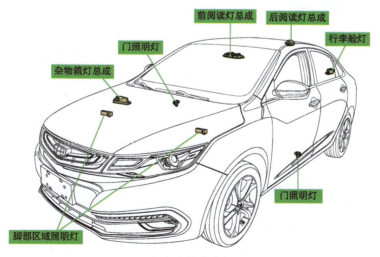

c) 车内照明系统

图 2-1-9　汽车照明系统

2.1.10 仪表与报警信息系统

为了使驾驶员随时观察与掌握汽车各系统的工作状态,在驾驶室仪表板上装有各种指示仪表和指示灯,如图2-1-10所示。它们主要用来显示车速、油耗、机油压力、冷却液温度、发动机转速、油量、累计行驶里程等。为保证行车安全和提高车辆的可靠性,还安装了许多报警装置,用于显示异常情况。

图2-1-10 带有警告灯和指示灯的组合仪表

2.1.11 汽车电动辅助系统

1. 汽车电动座椅

汽车座椅的主要功能是为驾驶员提供便于操作、舒适而安全的驾驶位置,为乘客提供不易疲劳、舒适而又安全的乘坐位置。电动座椅一般由电动机(包含前后调节电动机、高度调节电动机、靠背调节电动机)、调节开关、调节操纵单元等组成,部分车型电动座椅还带有座椅加热及通风等功能,如图2-1-11所示。

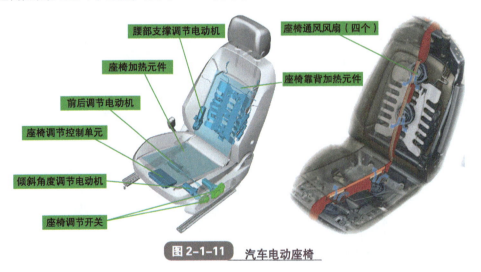

图2-1-11 汽车电动座椅

2. 汽车电动车窗

电动车窗可使驾驶员或乘客坐在座位上,利用开关使车门玻璃自动升降,操作简便并有利于行车安全。电动车窗系统主要由车窗升降调节器、电动车窗电动机、电动车窗总开关(由电动车窗开关和车窗锁止开关组成)等组成,如图2-1-12所示。

有些汽车上的电动车窗由电动机直接作用于升降器,而有些则是通过驱动机构作用于升降器，从而把电动机的旋转运动变换为车窗玻璃的上下移动。车窗升降器有两种形式：一种是绳轮式电动车窗玻璃升降器；另一种是交叉传动臂式。交叉传动臂式电动车窗玻璃升降器如图2-1-13所示。

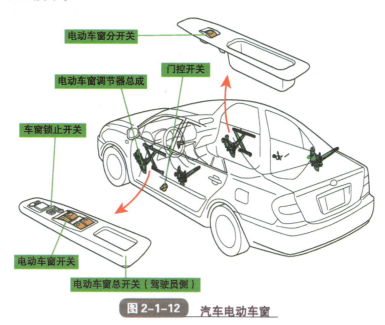

图 2-1-12　汽车电动车窗

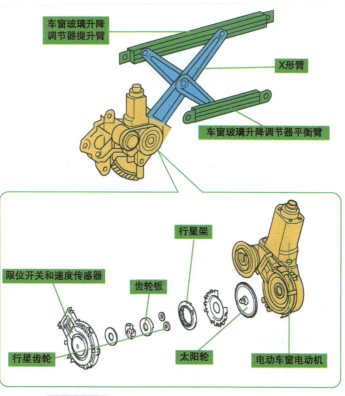

图 2-1-13　交叉传动臂式电动车窗玻璃升降器

3. 汽车电动天窗

电动天窗主要由天窗模块、天窗开关、带压力传感器和限位传感器的天窗电动机、天窗和天窗遮阳板组成，以便车内乘员采光、通风、遮阳等。天窗开关总成部件位置如图2-1-14所示。

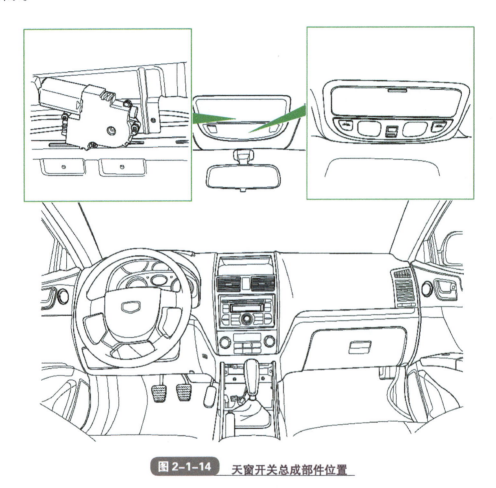

图2-1-14 天窗开关总成部件位置

4. 汽车电动后视镜

汽车的电动后视镜一般由镜片、驱动电动机、控制电路及操纵开关等组成，如图2-1-15所示。在每个后视镜镜片的背后都有两个双向电动机，可操纵镜片上下及左右运动。通常上下方向的倾斜运动由一个电动机控制，左右方向倾斜运动由另一个电动机控制。通过改变通入电动机的电流方向，即可完成后视镜的位置调整。

5. 汽车刮水器/洗涤器系统

汽车刮水器/洗涤器系统是汽车的标准配置，属于汽车上的辅助电器，主要用于洗涤和刷除风窗玻璃上的雨水、雪和灰尘，以保证驾驶员的视觉效果。有的汽车前照灯上也有刮水器和洗涤器系统，以保证雨雪天气，尤其是夜间的行车安全。

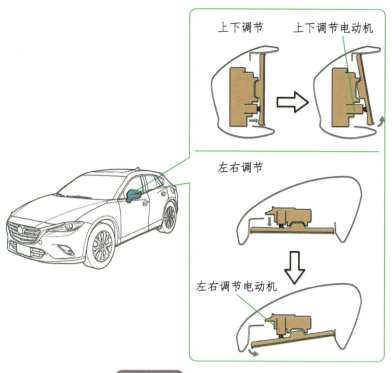

图 2-1-15　汽车电动后视镜

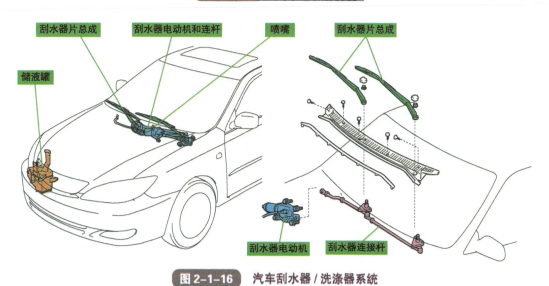

图 2-1-16　汽车刮水器/洗涤器系统

2.1.12　中控门锁系统

中控门锁系统是中央控制门锁系统的简称,是通过门锁控制开关和钥匙的操作控制电动机,同时控制所有车门关闭与开启的装置,如图 2-1-17 所示。中控门锁系统和防盗系统让汽车的使用更加方便和安全,两者是既相互联系,又有区别的两个系统。

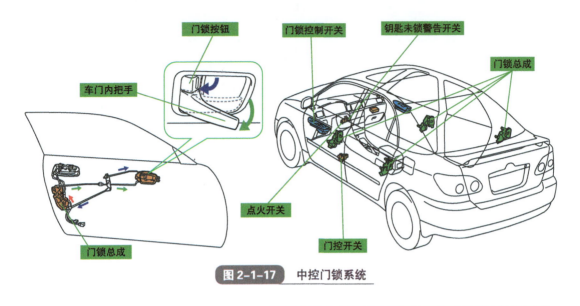

图 2-1-17　中控门锁系统

2.1.13　防盗系统

防盗系统属于电控防盗系统，一般由防盗 ECU、感应传感器、门控灯开关、报警装置和手持式发射器等组成，防盗报警系统零件位置如图 2-1-18 所示。防盗报警装置的作用是通过报警方式提示有人擅自侵入车内，可触发声音和视觉警报，但前提是必须已启用防盗报警装置。

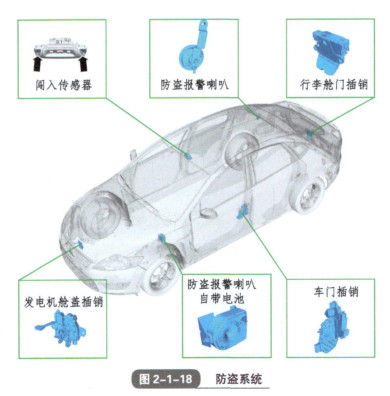

图 2-1-18　防盗系统

2.1.14 汽车音响系统

汽车音响系统作为现代汽车的一个重要组成部分，越来越受到人们的重视。汽车音响系统里面传来的优美的音乐，使驾乘人员感到放松，也可以听到驾驶所需要的交通信息和新闻。汽车音响系统主要由音响主机、天线、扬声器等组成，如图 2-1-19 所示。有的轿车还装有 CD 激光唱机，用来播放录制在 CD 唱片上的数字音乐信号。

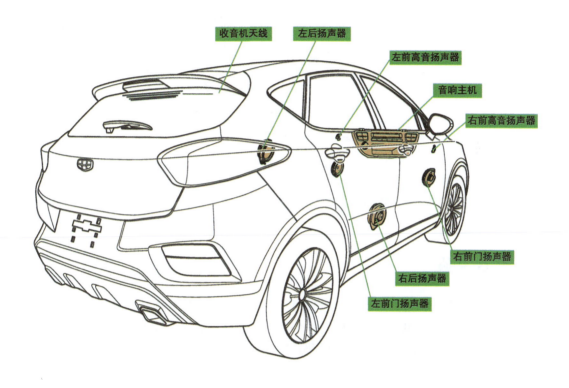

图 2-1-19　汽车音响系统

2.1.15 汽车导航系统

汽车导航系统一般由 GPS 天线、集成了显示屏幕和功能按键的导航控制器总成，以及语音输出设备（一般利用汽车音响系统输出语音提示信息）组成。多数汽车导航接收器和汽车音响集成在一起，如图 2-1-20 所示。它具有导航、电子地图、转向语音提示、定位、测速、显示航迹、信息检索等功能。

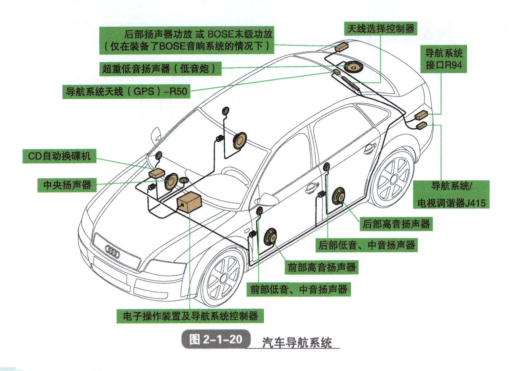

图 2-1-20　汽车导航系统

2.2 汽车电工常用检测工具、仪器

2.2.1 跨接线

跨接线俗称跳线、短接线,是一段长短不一的导线,两端分别有不同形式的插头。跨接线可以不改动原来的电气系统,就把一个新的元器件(部件)接入系统,与原来的元器件并联运行,共同完成任务,汽车起动用跨接线如图 2-2-1 所示。

图 2-2-1　汽车起动用跨接线

1. 起动用跨接线的使用注意事项

① 跨接线不能接触发动机的运转部位。

② 跨接蓄电池起动时，应佩戴适合的眼部保护装置，切勿靠近蓄电池。
③ 切勿跨接起动已损坏的蓄电池；在连接蓄电池充电线前，应检查蓄电池。
④ 确保车辆间距，且两个点火开关都旋至 OFF 位置。
⑤ 关闭所有用电器（无线电设备、除霜器、刮水器和灯光等）。

2. 起动跨接线的使用方法

① 将跨接线正极（+）连接至亏电蓄电池的正极（+）。
② 将跨接线正极（+）的另一端连接至辅助蓄电池的正极（+）。
③ 将跨接线负极（-）连接至辅助蓄电池的负极（-）。
④ 将跨接线负极（-）的另一端连接至熄火车辆的发动机缸体。
⑤ 确保跨接线连接牢固、不缠绕发动机的风扇叶片、传动带和其他运动部件。
⑥ 起动辅助车辆发动机并提高转速，再起动熄火车辆，当熄火车辆发动机正常工作后，再按连接时的相反顺序拆除跨接线。
⑦ 熄火车辆应急起动之后，应行驶到 4S 店或蓄电池专卖店对蓄电池进行补充充电或更换。

2.2.2 试灯

试灯分为无源试灯和有源试灯。无源试灯本身没有电源，有源试灯本身有电源。

1. 无源试灯的使用

它用于检查控制系统或电源电路是否给各电气系统提供电源。使用时，将试灯一端搭铁，另一端接带电压的导体，如图 2-2-2 所示。如灯亮，说明电气部件的电源电路无故障；如灯不亮，再接去向电源方向的第二个接线点，如灯亮，则故障在第一接点与第二接点之间。试灯只能检测是否有电压，不能显示电压高低。

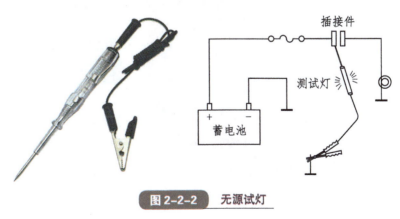

图 2-2-2　无源试灯

2. 有源试灯的使用

有源试灯用来检查电气线路的断路和短路故障。

断路检查：首先断开与电气部件相连的电源电路，将试灯一端搭铁，另一端接电路各接点（从电路首端开始），如果灯不亮，则断路出现在被测点与搭铁之间；如灯亮，则断路出现在该被测点与上一个被测点之间。

短路检查：首先断开电气部件电路的电源线和搭铁线，试灯一端搭铁，另一端与余下电气部件电路相连，如灯亮，表示有短路故障（搭铁）存在，然后逐步将电路中插接器断开，开关打开，拆除部件等，直到灯灭为止，短路出现在最后断开部件与上一个部件之间。

3. 试灯使用的注意事项

① 不能用有源试灯测试带电电路，否则会损坏试灯。
② 不可用试灯检查汽车电子控制系统，除非维修手册中有特殊说明，方可进行。
③ 在使用试灯测试时不能测试安全气囊线路与部件，否则会引起安全气囊误爆。

2.2.3 万用表

万用表是汽车电气系统检测中最常用的仪表，分为指针式和数字式。目前，数字式万用表最为常用。数字式万用表如图2-2-3所示。数字万用表与指针万用表相比，具有测量准确度高、测量速度快、输入阻抗大、过载能力强和功能多等优点，所以它与指针万用表一样，在电工电子技术测量方面得到了广泛应用。数字式万用表的种类很多，但使用方法基本相同。

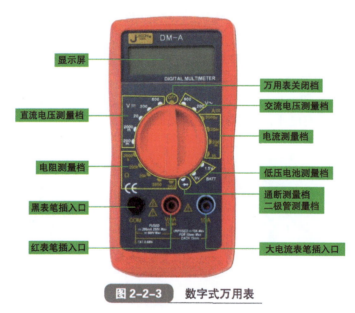

图 2-2-3　数字式万用表

8- 万用表的使用

1. 面板介绍

数字万用表的面板上主要有液晶显示屏、档位选择开关和各种插孔。

（1）液晶显示屏

液晶显示屏用来显示被测量的数值。

(2)档位选择开关

档位选择开关的功能是选择不同的测量档位,它包括直流电压测量档、交流电压测量档、直流电流测量档、电阻测量档、二极管测量档等。

(3)插孔

数字万用表的面板上有3个独立插孔。标有"COM"字样的为黑表笔插孔,标有"VΩmA"的为红表笔插孔,标有"10A"的为直流大电流插孔,在测量200mA～10A范围内的直流电流时,红表笔要插入该插孔。

2. 测量直流电压

图2-2-3中的数字万用表的直流电压测量档具体又分为200mV档、2000mV档、20V档、200V档、600V档。

下面通过测量低压蓄电池的电压值来说明直流电压的测量具体过程,如表2-2-1所示,低压蓄电池电压测量如图2-2-4所示。

表2-2-1 直流电压测量过程

步骤	过程
1	选择档位。蓄电池的电压通常在9V左右,根据档位应高于且最接近被测电压原则,选择20V档较为合适
2	红、黑表笔接被测蓄电池。红表笔接被测蓄电池的正极,黑表笔接被测蓄电池的负极
3	在显示屏上读数。如观察显示屏显示的数值为9.38,则被测蓄电池的直流电压为9.38V。若显示屏显示的数字不断变化,可选择其中较稳定的数字作为测量值

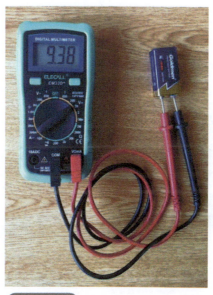

图2-2-4 低压蓄电池电压的测量

3. 测量交流电压

数字万用表的交流电压测量档具体又分为 200V 档和 600V 档。

下面通过测量市电的交流电压值来说明交流电压的测量过程。如图 2-2-5 所示，具体步骤如下。

第一步：选择档位。市电交流电压通常在 220V 左右，根据档位应高于且最接近被测电压原则，选择 600V 档最为合适。

第二步：红、黑表笔接被测电压。由于交流电压无正、负极之分，故红、黑表笔可随意分别插入市电插座的两个插孔中。

第三步：在显示屏上读数。如观察显示屏显示的数值为 233，则市电的交流电压值为 233V。

4. 测量电阻

万用表测电阻时采用电阻测量档，DT-830B 型万用表的电阻测量档具体又分为 200Ω 档、2000Ω 档、20kΩ 档、200kΩ 档和 2000kΩ 档。

下面通过测量一个电阻的阻值来说明电阻测量档的使用，测量方法如图 2-2-6 所示，具体测量过程说明如下。

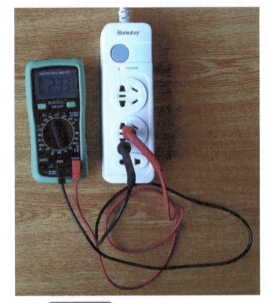

图 2-2-5　市电交流电压的测量

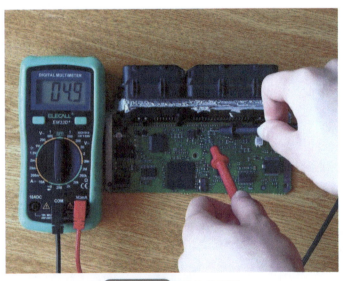

图 2-2-6　电阻的测量

第一步：选择档位。根据档位应高于且最接近被测电阻的阻值原则选择。若无法估计电阻的大致阻值，可先用最高档测量，若发现偏小，再根据显示的阻值更换合适低档位重新测量。

第二步：红、黑表笔接被测电阻两个引脚。

第三步：在显示屏上读数。观察显示屏显示的数值为 4.9Ω，则被测电阻的阻值为 4.9Ω。

注意：

数字万用表在使用低电阻档（200Ω 档）测量时，将两根表笔短接，发现显示屏显示的阻值通常不为零，一般在零点几欧至几欧之间，性能好的数字万用表该值很小。由于数字万用表无法进行电阻档校零，如果对测量准确度要求很高，可先记下表笔短接时的阻值，再用测量值减去该值，即为被测电阻的实际阻值。

2.2.4 汽车专用万用表

1. 汽车专用万用表基本功能

汽车专用万用表是一个具有特殊用途的专用型数字检测万用表，它除了具备普通数字万用表所有功能外，还具有汽车专用项目的测试功能。汽车专用万用表如图 2-2-7 所示。

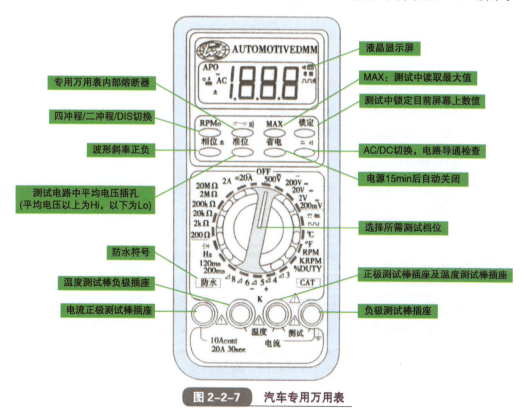

图 2-2-7　汽车专用万用表

汽车专用万用表与一般万用表相比较，它提供了更为专用的功能，可以检测电路中信号的频率、占空比、温度、转速和点火闭合角等。因此，能够正确使用汽车万用表是汽车故障检测的基本技能。

① 具有进行直接点火（DIS）测试、发动机转速测试、发电机二极管动态测试及高压线测试等强大功能。

② 可测量发动机转速及点火闭合角。

③ 可测量各种传感器和执行器的电阻、电压（或动态电压信号）和电流。

④ 可测量喷油器通电时间以及传感器频率信号。

⑤ 长时间不用，可自动关机以节省电能。

⑥ 可读取发动机、变速器、ABS、SRS 等的故障码，取代 LED 灯的跨接功能，并以声响计数和显示信号输出端电压。

2. 汽车专用万用表使用

（1）温度测量

测试该项目时应将功能选择开关置于温度（Temp）档，按下功能按钮（℃ /F），将黑线搭铁，探针线插头端插入汽车专用万用表温度测量插孔，探针线插头端接触被测物体，显示屏即显示被测物体的温度。

（2）信号频率检测。

首先将测试项目选择开关置于频率（Freq）档，黑线（自汽车专用万用表搭铁插孔引出）搭铁，红线（自汽车专用万用表公用插孔引出）接被测信号线，显示屏即显示被测信号的频率。

（3）点火线圈初级电路闭合角测量。

将测试项目选择开关置于闭合角（Dwell）档，黑线搭铁，红线接点火线圈负接线柱，发动机运转，显示屏即显示点火线圈初级电路的闭合角。

（4）发动机转速检测。

将测试项目选择开关置于转速（RPM）档，转速测量专用插头插入搭铁插孔与公用插孔中，将电磁感应式转速传感器（汽车专用万用表附件）夹在某一缸高压点火线上，在发动机工作时，显示屏即显示发动机的转速。

2.2.5 钳形电流表

钳形电流表是一种测量电气线路电流大小的仪表，如图 2-2-8 所示。与电流表和万用表相比，钳形表的优点是在测电流时不需要断开电路。钳形表可分为指针式钳形表和数字式钳形表两类，指针式钳形表是利用内部电流表的指针摆动来指示被测电流的大小；数字式钳形表是利用数字测量电路将被测电流处理后，再通过显示器以数字的形式将电流大小显示出来。

在使用钳形表时，按下扳手，铁心开口张开，从开口处将导线放入铁心中央，再松开扳手，铁心开口闭合。当有电流流过导线时，导线周围会产生磁场，磁场的磁力线沿铁心穿过线圈，线圈内立即产生电流，该电流经内部一些元器件后流进电流表，电流表指示电流的大小。流过导线的电流越大，导线产生的磁场越大，穿过线圈的磁力线也就越多，线圈产生的电流也就越大，流进电流表的电流也就越大，因此显示的电流值也越大。

在使用钳形表时，为了安全和测量准确，需要注意以下事项：

① 在测量时要估计被测电流大小，选择合适的档位，不要用低档位测大电流。若无法估计电流大小，可先选高档位，如果指针偏转偏小，应选合适的低档位重新测量。

② 在测量导线电流时，每次只能钳入一根导线，若钳入导线后发现有振动和碰撞声，应重新打开钳口，并开合几次，直至噪声消失为止。钳形表错误及正确的使用方法如图2-2-9 和图 2-2-10 所示。

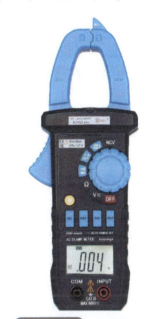

图 2-2-8　钳形电流表

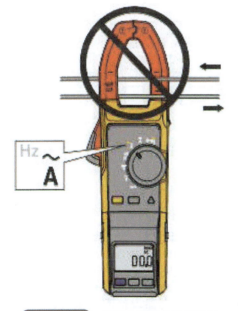

图 2-2-9　钳形电流表的错误使用

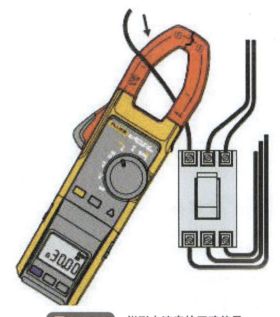

图 2-2-10　钳形电流表的正确使用

③ 在测大电流后再测小电流时，也需要开合钳口数次，以消除铁心上的剩磁，以免产生测量误差。

④ 在测量时不要切换量程，以免切换量程时表内线圈瞬间开路，线圈感应出很高的电压而损坏表内的元器件。

⑤ 在测量一根导线的电流时，应尽量让其他的导线远离钳形表，以免受这些导线产生

的磁场影响，而使测量误差增大。

⑥ 在测量裸露线时，需要用绝缘物将其他的导线隔开，以免测量时钳形表开合钳口引起短路。

2.2.6 汽车故障诊断仪

现代汽车上的计算机控制系统越来越多，利用故障诊断仪读取故障码和数据流进行故障诊断非常快捷，能有效缩小故障范围，甚至能直接完成故障定位。汽车故障诊断仪如图 2-2-11 所示。

汽车故障诊断仪使用方法如下：

① 选好合适的故障检测接头，把接头先接上诊断仪连接线。

② 然后将接头接到汽车的故障诊断座上。

③ 车辆点火开关转至 ON，这时诊断仪屏幕上显示出菜单，我们这时可根据需要检查的项目来选择具体的子菜单（仪器开机 - 选择车系 - 选择车型 - 选择系统）。

④ 选择后可通过诊断仪屏幕读取故障码或数据流，有多个故障码时，一般可同时在屏幕上显示出来。

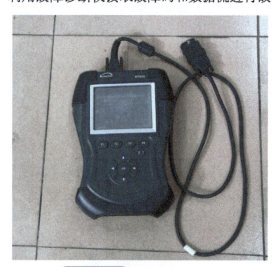

图 2-2-11　汽车故障诊断仪

⑤ 清除故障码：前面的程序和读取故障码一样，只是在选择子菜单时选择清除故障码，通过对话框的问答选择清除。

2.3 汽车电气系统故障诊断基础知识入门

2.3.1 故障类型

汽车电气系统的故障主要有电器设备故障和线路故障两种。

1. 电器设备故障

电器设备故障是指电器设备自身丧失其原有机能，包括电器设备的机械损坏、烧毁、电子元件的击穿、老化、性能减退等。

在实际使用和维修中，常常因线路故障而造成电器设备故障。电器设备故障一般是可修复的，但对于一些不可拆的电器设备，出现故障后无法进行修复，而只能更换。

2. 线路故障

线路故障包括断路、短路、接线松脱、接触不良或绝缘不良等。这一类故障有时容易出现一些假现象，给故障诊断带来困难。

例如，当某搭铁线与车身出现接触不良时，有可能造成电器设备开关无法控制，电器设备工作出现混乱。这是因为几个电器设备共用一个搭铁，一旦该搭铁线出现接触不良，它就把多个电器设备的工作电路联系到一起，造成一个或多个电器设备工作异常。

2.3.2 诊断基本流程和注意事项

1）汽车电路故障诊断的一般流程如图 2-3-1 所示。

2）汽车电气系统故障检修的注意事项：维修汽车电气系统的首要原则是不要随意更换电线或电器，否则有可能因短路、过载而引起火灾。同时还应注意以下各项：

① 拆卸蓄电池时，一定要先拆下负极电缆；装上蓄电池时，一定要最后连接负极电缆。应确保点火开关或其他开关都已断开，再拆下或装上蓄电池电缆，否则会导致半导体元器件的损坏。切勿颠倒蓄电池接线柱极性。

② 使用万用表的 R×100 以下低阻欧姆档检测小功率晶体管，以免电流过载损坏它们。拆卸晶体管时，应最后拆卸基极。安装时，应首先接入基极。对于金属氧化物半导体晶体管，则应小心静电击穿，钎焊时，应从电源上拔下烙铁插头。

③ 拆卸和安装元件时，应切断电源。如无特殊说明，元件引脚距焊点应在 10mm 以上，以免烙铁烫坏元件，且宜使用恒温或功率小于 75W 的电烙铁。

④ 更换烧坏的熔丝时，应使用相同规格的熔丝进行更换。更换比规定容量大的熔丝会导致电器损坏或产生火灾。

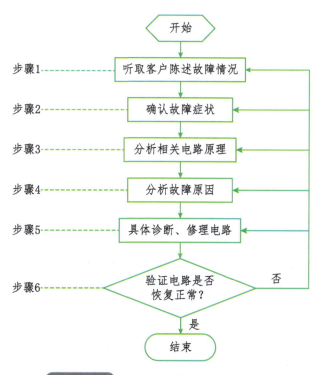

图 2-3-1　汽车电路故障诊断的一般流程

⑤ 靠近振动部件（如发动机）的线束部分应用卡扣固定，将松弛部分拉紧，以免由于振动造成线束与其他部件接触。

⑥ 不要粗暴地对待电器，也不能随意乱扔，应轻拿轻放。

⑦ 与尖锐边缘磨碰的线束部分应用胶带绑起来以免损坏。安装固定零件时，应确保线束不要被夹住或被破坏，同时应确保接插头插接牢固。

⑧ 进行保养时，如进行焊接时，若温度超过80℃，应先拆下对温度敏感的零件，例如ECU。

2.3.3 电气系统检查的基本方法

汽车电气系统故障排查方法一般有直观法、抽线/振动法、试灯法、跨接法、断路法、替换法、专用仪器检查法、万用表检查法、模拟法等，如表2-3-1所示。

表2-3-1 汽车电气系统检查的基本方法

方法		说明
直观法		当汽车电气系统的某个部位发生故障时，会出现冒烟、火花、异响、焦臭、高温等异常现象。通过人体的感觉器官去看、听、摸、闻汽车电器，进行直观检查，进而判断出故障的所在部位
抽线/振动法	抽线法	汽车电气系统连线一般都有线束包扎，并且铺设在汽车内饰板下，发生故障时很难直接观察到，严重时会导致汽车起动困难，可用一个小夹钳将线束一根一根地慢慢抽动，只要线路有断路的地方，此条导线就很容易被抽出来
	振动法	部分汽车故障是在行驶振动时才发生的，此时可以采用振动法进行试验。受振动影响较大的器件有插接器、导线、传感器和执行器等。插接器和导线可在垂直和平行方向轻轻振动；传感器和执行器可用手轻拍其壳体
试灯法		试灯一端用连线接一个搭铁夹，另一端可接一表笔，以此来检查某个电器或线路有无故障。此方法尤其适用于检测那些不允许直接短路的部位和装有电子元器件的电路。例如，测试交流发电机是否发电可用试灯法，将试灯的一端搭铁，另一端接发电机电枢接线柱，若试灯亮，说明发电机工作正常，试灯若不亮，则说明发电机有故障 检查汽车电路的某一连接导线有无断路故障也可采用试灯法，可从电源入口处逐步向后进行检查
跨接法		跨接法也称短路法，即当低压电路断路时，用跨接线（或串接电阻）等将某一线路或元件短接，来检验和确定故障部位。如怀疑起动机电磁开关有故障，按通点火开关后，当用导线将电磁开关两接点短接，若起动机电磁线圈有吸动声音，则说明电磁开关内部接触不良或断路 对于现代汽车的电子设备而言，应慎用短路法来诊断故障，以防止短路时因瞬间电流过大而损坏电子设备
断路法		汽车电气设备发生短路（搭铁）故障时，可用断路法判断，即将怀疑有短路故障的电路断开后，观察电气设备中短路故障是否还存在，以此来判断电路短路的部位。例如，某轿车前照灯开关扳到某档位时，熔丝就被烧断，表明该灯光电路有短路故障。此时可采用断路法分别对前照灯和后灯的连接线、灯座等进行详细检查

（续）

方法	说明
替换法	常用于故障原因比较复杂的情况，能对可能产生的原因逐一进行排除。其具体做法是：用一个已知是完好的零部件来替换被认为或怀疑有故障的零部件，若故障消除，说明怀疑成立；否则，装回原件，进行新的替换，直至找到真正的故障部位
专用仪器检查法	专用仪器主要是指检查汽车电控系统的故障诊断仪。使用专用仪器可以十分准确地知道电子电气故障，凡是电控系统均要使用专用仪器进行检查，专用仪器可读取故障码，并显示出来供维修技术人员确定故障部位
万用表检查法	使用万用表测量电路和元器件的好坏是常用的方法。数字式万用表测量法主要是测量电路的通断以及测量电压、电阻和电流的大小，此方法既快速又准确
搭铁检查法	搭铁检查法用来检查某电器或导线有无断路或短路故障。搭铁法通常又分为直接搭铁法和间接搭铁法两种
	直接搭铁法是指被搭铁的导线或器件在某一处未经负载直接搭铁。例如，若怀疑灯光总开关至制动灯开关的这一段线路有故障，则可拆下制动灯开关上的导线直接搭铁碰火，若出现较大的火花，说明该连接线路正常；若无火花，说明存在断路或接触不良故障。采用此法时搭铁刮碰的速度要快，要特别注意防止烧坏正常的熔丝
	间接搭铁法是指通过某个电器而搭铁，以查看该器件或连接导线是否有故障。如将点火线圈低压侧接线柱搭铁刮碰，若有微弱的火花，说明该段线路正常；若无火花，说明该段线路有故障
模拟法	有些故障属于偶发故障，比较难查找，因此，要进行条件模拟验证后再诊断故障，如车辆振动模拟、温度模拟（注意：不要将电气元件加热到60℃以上）、浸水模拟（注意：不得将水直接喷在电气元件上）、电负载模拟、冷起动或热起动模拟

2.3.4 维修中的禁忌事项

1. 车辆举升机操作的警告

为避免车辆损坏、严重人身伤害甚至死亡事故，在从车辆上拆下主要部件并用举升机支承车辆时，应用千斤顶支撑与待拆卸部件相对应的车辆部位。

2. 处理防抱死制动系统（ABS）部件的警告

ABS中的某些部件不能单独维修，试图拆卸或断开不可拆卸的系统部件，会导致人身伤害和/或系统运行不正常，因此只能维修那些许可拆卸和安装的部件。

3. 断开蓄电池的警告

在维修任何电气部件前，起动开关电源模式必须置于OFF状态，并且所有电气负载必须为OFF（关闭），除非操作程序中另有说明。如果工具或设备容易接触裸露的带电电气端

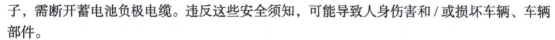

子，需断开蓄电池负极电缆。违反这些安全须知，可能导致人身伤害和/或损坏车辆、车辆部件。

在维修安全气囊时，必须断开蓄电池负极至少 90s 以上，才能进行其他操作。

4. 充电系统的警告

1）汽车交流发电机均为负极搭铁，蓄电池搭铁极性必须与发电机一致，否则蓄电池电压将正向加在整流二极管上，使二极管烧坏。

2）发电机运转时，不能用导线短接交流发电机的"B""D"端子，否则发电机电压会迅速升高，使电压调节器烧坏。

3）一旦发现发电机不发电或充电电流很小时，应及时找出原因并排除故障。如果继续运转则故障就会扩大，如当一个二极管短路后，就会导致其他二极管和定子绕组被烧坏。

4）当整流器的 6 个整流二极管与定子绕组连接时，禁止使用 220V 交流电源检查发电机的绝缘情况，否则将会损坏二极管。

5）汽车停驶时应断开点火开关，以免蓄电池长时间向磁场绕组放电。

5. 关于空调系统制冷剂 R134a 的警告

应避免吸入空调制冷剂 R134a 和冷冻油的蒸汽或雾，接触它们后会刺激眼睛、鼻子和咽部。应在通风良好的区域内作业。从空调系统中排出 R134a 时，应使用经认证满足要求的维修设备（R134a 专用回收设备），如果发生系统意外排液，在继续维修前，必须对工作区通风。

6. 操作车窗升降的警告

在驾驶员侧车门操作电动车窗开关时，不带防夹功能的车窗移动速度很快，而且无法停止，可能导致人身伤害。

7. 关于灯泡的警告

卤素灯泡内含高压气体，处理不当会使灯泡爆炸成玻璃碎片。为避免人身伤害，应做到以下几点。

1）在更换灯泡前，关闭灯开关并使灯泡冷却。
2）保持灯开关关闭，直到换完灯泡。
3）更换卤素灯泡时，务必戴上护目镜。
4）拿灯泡时，只能拿住灯座，避免接触玻璃。
5）灯泡要避免沾灰尘和湿气。
6）正确报废旧灯泡

8. 发动机控制系统的喷油器操作警告

1）检查各喷油器的下 O 形密封圈，不能保留在高压油管上，以降低失火和人身伤害的风险。

2）如果未将O形密封圈随喷油器一起拆卸，带新O形密封圈的更换用喷油器就不能正确放置于喷油器座中，放置不当会产生漏油。

9. 冷却系统维修操作的警告

只要冷却系统中有压力，即使散热器中的冷却液没有沸腾，冷却液温度也会比水的沸腾温度高出很多。如果在发动机未冷却并且压力还很高的情况下打开膨胀水箱盖，执行对冷却系统的维修时，发动机冷却液就会立即沸腾并可能会喷到操作人员身上，造成严重烫伤。

10. 氧传感器操作注意事项

1）不要拆下加热型氧传感器（HO2S）的引线，拆下引线或线束连接器会影响传感器的工作。

2）请小心取放氧传感器，注意不要跌落，应保持直列式电气连接器和格栅式散热端无油脂、污物或其他污染物。不要使用任何类型的清洗剂。

3）不要修理氧传感器的导线、线束连接器或端子。如果引线、线束连接器或端子损坏，必须更换氧传感器。

4）外界清洁的空气基准是通过信号和加热器导线获得的，如果试图修理导线、线束连接器或端子，会堵塞空气基准并导致氧传感器性能下降。

5）修理加热型氧传感器时，必须遵循以下原则：

① 切勿在传感器或车辆线束连接器上涂抹触点清洁剂或其他材料，这些材料会进入传感器，导致其性能不良。

② 不要损坏传感器的引线和线束，导致其内部导线外露，这样提供了异物进入传感器的通道，并会导致性能故障。

③ 传感器和车辆引线不得出现弯折或扭结现象，较大的弯折或扭结会堵塞通过引线的空气基准通道。

④ 确保线束连接器外围密封完好无损，以避免因进水而造成损坏。

11. 处理静电放电敏感部件的重要注意事项

静电放电（ESD）会损坏很多固态电气部件，易受静电放电影响的部件不一定都标注了静电放电符号，应小心处理所有电气部件。请遵守如下安全须知，避免部件受静电放电损坏。

1）在维修任何电子部件前，先触摸金属搭铁点以放出身体中的静电（尤其是在车辆座椅上滑动身体后）。

2）尽量不要触摸裸露的端子，端子可能连接至易被静电放电损坏的电路。

3）维修连接器时，切勿使工具接触裸露的端子。

4）不得将部件从保护性壳体中拆下，除非手册要求这样操作。

5）避免以下操作，除非诊断程序特别要求。

① 使部件或连接器跨接或搭铁。

② 将测试设备探针连接至部件或连接器，使用测试探针时，先连接搭铁引线。在打开部件的保护性壳体之前，先将其搭铁，不得将固态部件放在金属工作台上，或者电视机、收音机及其他电器设备的顶部。

12. 故障诊断仪使用的重要注意事项

在对车辆进行诊断之前，必须注意以下情况，否则很可能导致控制模块损坏。

1）车辆蓄电池必须充满电，蓄电池电压应在 12～14V 之间。

2）故障诊断仪和终端电缆的连接必须牢固。

3）在对控制模块编程时，蓄电池充电器不得连接到蓄电池上。

第 3 章 电源系统

Chapter 3

- 3.1 电源系统基本组成和工作原理   62
- 3.2 蓄电池的作用、分类   62
- 3.3 蓄电池的结构、工作原理、型号   62
- 3.4 蓄电池的检查与维护   69
- 3.5 蓄电池的充电   73

3.1 电源系统基本组成和工作原理

9-汽车电源系统

电源是能量的来源，电源的供电能力和工作性能对车辆运行及用电设备的工作有着非常重要的影响。汽车电气设备所使用的电源是直流电源，它来自蓄电池或发电机。这两个电源并联，全车的用电设备均为并联，电源和用电设备串联连接。在发动机正常工作时，由发电机向全车用电设备供电，同时发电机还要向蓄电池进行补充充电，以保证蓄电池有足够的电力。蓄电池的作用是起动发动机，及在发电机工作时充当备用电源。

3.2 蓄电池的作用、分类

3.2.1 蓄电池的作用

1）在起动发动机时，给起动机提供大电流，同时向点火系统、燃油喷射系统及发动机其他用电设备供电。

2）当发电机不工作或发电机电压低于蓄电池电压时，由蓄电池向用电设备供电。

3）当发电机正常发电时，蓄电池将发电机的电能转变为化学能储存起来（即充电）。

4）当发电机过载时，蓄电池协助发电机向用电设备供电。

5）当取下车钥匙时，由蓄电池向发动机控制单元及其他控制单元、音响系统及防盗报警系统等供电。

6）蓄电池还可以吸收电路中的瞬间过电压，保持汽车电气系统电压的稳定，保护电子元件。

3.2.2 蓄电池的分类

汽车上使用的蓄电池主要是为了满足起动机的需要，所以通常称为起动型蓄电池。起动型蓄电池在短时间内可提供强大的起动电流（一般为200～600A）。根据电解液的不同，蓄电池有酸性蓄电池和碱性蓄电池之分，铅酸蓄电池结构简单，起动性能好，价格低廉、内阻小、结构简单，所以汽车上广泛应用铅酸蓄电池。铅酸蓄电池分为普通蓄电池、免维护蓄电池、干荷蓄电池、胶体蓄电池等。

3.3 蓄电池的结构、工作原理、型号

3.3.1 普通铅酸蓄电池的结构

一个单格铅酸蓄电池可以由一对正极板、负极板插入稀硫酸构成，通常设计其标称电压为2V，额定电压为12V的蓄电池是由6个2V的单格铅酸蓄电池通过铅联条串联而成的。

每个单格铅酸蓄电池由间壁相互隔开。整个铅酸蓄电池由极板、隔板、电解液、壳体等组成，蓄电池的结构如图 3-3-1 所示。

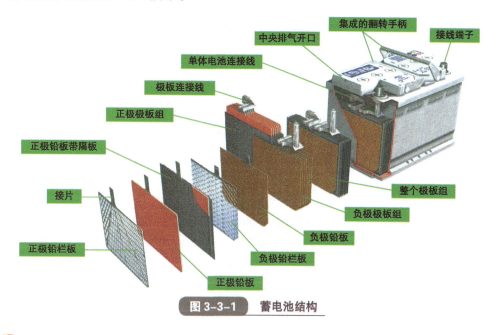

图 3-3-1　蓄电池结构

1. 极板

极板是蓄电池的核心部件，对蓄电池的性能有最直接的影响。极板由活性物质和栅架构成，活性物质附着在栅架上。正极板上的活性物质是深棕色二氧化铅（PbO_2），负极板上的活性物质是青灰色海绵状铅（Pb），其结构如图 3-3-2 所示。电能和化学能的相互转化依靠极板上的活性物质与电解液中的 H_2SO_4 的化学反应来实现。

10- 蓄电池的结构

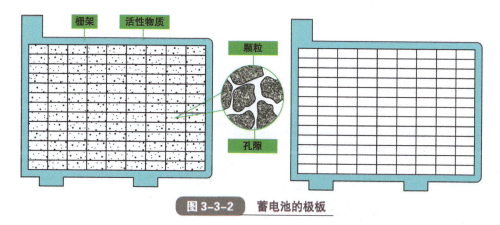

图 3-3-2　蓄电池的极板

为了提高放电电流，一般将多片同极性的极板用铅联条串连成极板组，正极板组与负极板组的极板相互交叉嵌合。一般负极板组的极板比正极板组的极板多一片，正极板夹在负极板间，可减少正极板活性物质脱落。极板组的结构如图 3-3-3 所示。

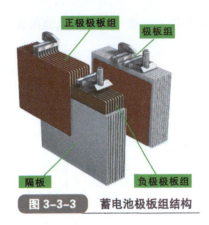

图 3-3-3　蓄电池极板组结构

2. 隔板

隔板处于正负极板之间，除了要具有好的绝缘性能以防止极板短路外，还要有良好的通透性，以便电解液能自由渗透，同时还应具有耐酸和抗氧化性能。因此，隔板常用微孔橡胶、微孔塑料、玻璃纤维等材料制成，如图 3-3-4 所示。

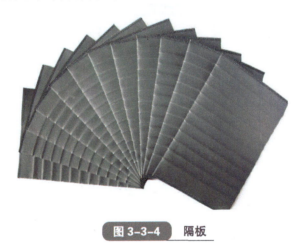

图 3-3-4　隔板

3. 电解液

电解液是由密度为 $1.84g/cm^3$ 的纯硫酸与蒸馏水按一定比例配制而成的稀硫酸溶液，其作用是参与化学反应，进行能量转化。电解液的密度对蓄电池性能的影响较大，其密度一般为 $1.24 \sim 1.31g/cm^3$。另外，电解液的纯度也是影响蓄电池性能和使用寿命的重要因素。因此，电解液必须用纯净的专用硫酸和蒸馏水配置而成。

4. 壳体

蓄电池的壳体是用来盛放极板和电解液的容器。该壳体应具有耐酸、耐热、抗振、绝缘性好等特点。蓄电池壳体多采用硬橡胶或聚丙烯塑料制成，壳体为整体式结构，壳体内部由 6 个互不相通的单格组成。

壳体上部使用相同材料的密封盖，密封盖上设有对应于每个单格电池的加液孔，用于添加电解液或补充蒸馏水。加液孔上旋有加液孔盖,以防止电解液溅出。加液孔盖上制有微型通气孔,可以排出蓄电池内部化学反应产生的气体。新型蓄电池加液孔的通气孔上安装了过滤器,以避免水蒸气逸出。

3.3.2 蓄电池的工作原理

蓄电池极板上的活性物质和电解液之间发生的电化学反应是可逆的,所以蓄电池是一个可逆电源。铅酸蓄电池充放电时总的电化学反应方程式如下。

$$PbO_2 + Pb + 2H_2SO_4 \underset{充电}{\overset{放电}{\rightleftharpoons}} 2PbSO_4 + 2H_2O$$

11- 蓄电池工作原理

1. 蓄电池的放电

正极板上的 PbO_2,与电解液中的 SO_4 结合形成 $PbSO_4$。同时,释放出来的 O_2 在电解液中形成了 H_2O,负极板也与电解液中的 SO_4 结合形成 $PbSO_4$,放电的化学反应过程如图3-3-5所示。电解液中 H_2SO_4 不断减少,H_2O 增多,电解液密度下降;蓄电池电压降低,内阻增大,容量减小;蓄电池内部的化学能转化为电能供给用电设备。

2. 蓄电池的充电

充电期间,硫酸根离子从正极板和负极板中脱离返回到电解液中,变成标准酸度的硫酸溶液。正极板还原成 PbO_2,负极板也还原成纯铅,电解液中的 $PbSO_4$ 转变成 H_2SO_4,其化学反应过程如图3-3-6所示。电解液中 H_2SO_4 不断增多,H_2O 减少。

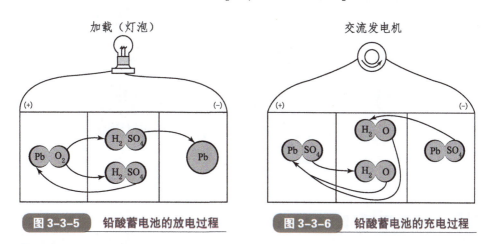

图3-3-5 铅酸蓄电池的放电过程　　图3-3-6 铅酸蓄电池的充电过程

3.3.3 蓄电池的型号

有关蓄电池型号的规定,全世界不同的区域有不同的标准。行业标准《铅酸蓄电池名称、型号编制与命名办法》(JB/T 2599—2012)中规定了蓄电池的型号由三部分组成,一般标注在外壳上。蓄电池型号的编制和含义如图3-3-7所示。

图 3-3-7　蓄电池的型号

第 1 部分为串联的单格蓄电池数,用阿拉伯数字表示。每个单格电池电压为 2V,即其额定电压为这个数字的 2 倍。

第 2 部分为蓄电池的类型和结构特征,用两个汉语拼音字母表示。一般第一个字母是 Q 表示起动用铅酸蓄电池,M 表示摩托车用。第二个字母表示为蓄电池的特征,如:A——干荷电式;W——免维护式;H——湿荷电式;M——密封式,无字母为普通铅酸蓄电池。

第 3 部分为蓄电池额定容量和特殊性能,我国目前规定采用 20h 放电率的额定容量,单位为 A·h,用数字表示。特殊性能用汉语拼音字母表示,如 G 表示高起动率,无字母为一般性能电池。

6-QA-60——表示由 6 个单格串联而成,额定电压 12V,额定容量 60A·h 的起动型干荷电蓄电池,如图 3-3-8 所示。

12- 蓄电池型号的认识

图 3-3-8　蓄电池型号标注

3.3.4　车用低压磷酸铁锂电池

磷酸铁锂(LiFePO$_4$)电池内部主要由正极、负极、电解质和隔膜组成,如图 3-3-9 所示。磷酸铁锂(LiFePO$_4$)电池上边是橄榄石结构的 LiFePO$_4$ 作为电池的正极,由铝箔与电池正极连接,左边是聚合物隔膜,它把正极与负极隔开,但锂离子 Li$^+$ 可以通过而电子 e$^-$ 不能通过,右边是由碳(石墨)组成的电池负极,由铜箔与电池的负极连接。电池的上下端之间是电池的电解质,电池由金属外壳密闭封装。

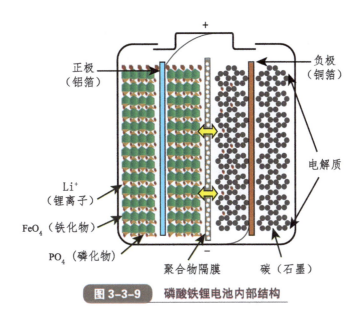

图 3-3-9　磷酸铁锂电池内部结构

$LiFePO_4$ 电池在充电时，正极中的锂离子 Li^+ 通过聚合物隔膜向负极迁移；在放电过程中，负极中的锂离子 Li^+ 通过隔膜向正极迁移。锂离子电池就是因锂离子在充放电时来回迁移而命名的。

电池充电时，Li^+ 迁移到磷酸铁锂晶体的表面，在电场力的作用下，进入电解液，穿过隔膜，再经电解液迁移到石墨晶体的表面，然后嵌入石墨晶格中。与此同时，电子经导电体流向正极的铝箔电极，经极耳、电池极柱、外电路、负极极柱、负极耳流向负极的铜箔电极，再经导电体流到石墨负极，使负极的电荷达至平衡。锂离子从磷酸铁锂脱嵌后，磷酸铁锂转化成磷酸铁。

电池放电时，Li^+ 从石墨晶体中脱嵌出来，进入电解液，穿过隔膜，再经电解液迁移到磷酸铁锂晶体的表面，然后嵌入到磷酸铁锂的晶格内。与此同时，电子经导电体流向负极的铜箔电极，经极耳、电池负极柱、外电路、正极极柱、正极极耳流向电池正极的铝箔电极，再经导电体流到磷酸铁锂正极，使正极的电荷达至平衡。

3.3.5　宝马车型用低压锂电池

此低压锂电池的尺寸和 90A·h 的铅酸蓄电池一样，便于固定安装，其气孔直径较大，表面有一个 LIN 连接接口，连接内部控制模块，如图 3-3-10 所示。

低压锂电池的设计结构如图 3-3-11 所示，分流电阻的作用是测量电流，单格电池装在钢框架中，主要是为了防冲击。低压锂电池是 4 个 3.3V 的单格锂磷酸电池串联。锂电池分离开关为双继电器，BMS（蓄电池管理系统）包含带 IBS 的 LIN 线检测功能和蓄电池管理功能（例如：电池模块电压平衡）。

图 3-3-10　低压锂电池

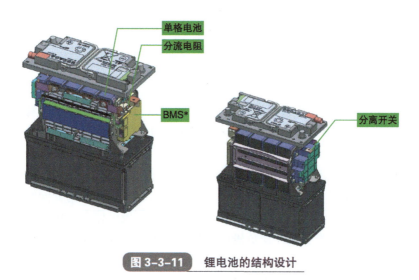

图 3-3-11　锂电池的结构设计

1. 锂电池分离开关工作原理

锂电池具有分离开关保护，当出现异常时断开，蓄电池单元模块不再可以监测，当无异常后开关会自动闭合，如图 3-3-12 所示。例如，电压过低时开关会断开，当连接充电器时开关会闭合，跨接起动电源时开关也会闭合。

2. 锂电池对比铅酸蓄电池的优点

能量回收：在正常工作温度锂电池的充放电能力高于铅酸蓄电池，可以避免蓄电池功率延时供给，有更高的能量回收潜力。

寿命：铅酸蓄电池最大可充电数可以达到 300～400 个循环（以 90A·h 蓄电池为例，27000～36000A·h），锂电池最大可充电数大约 3000 个循环（60A·h，180000A·h）。

重量：因为锂电池能量密度很高，容纳的能量和功率更高，所以重量变轻。

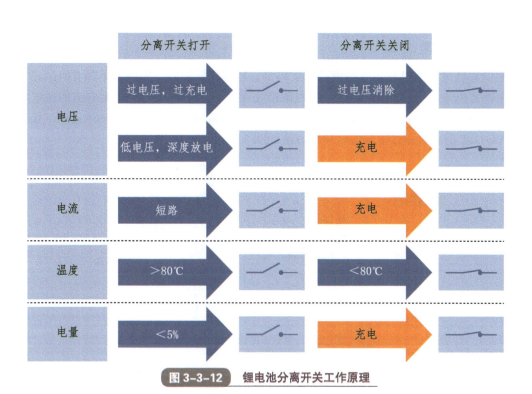

图 3-3-12　锂电池分离开关工作原理

3.4 蓄电池的检查与维护

3.4.1 蓄电池的检查

1. 检查蓄电池外观与固定情况

观察极桩有无锈蚀，固定是否牢靠，蓄电池壳体有无鼓包、破裂或漏液，导线连接是否正常。如果有电解液泄漏，则需更换蓄电池。

2. 电解液液面高度检测（早期使用的蓄电池）

电解液液面高度应高出隔板 10~15mm，液面高度可用玻璃管测量，如图 3-4-1 所示。对于外壳有高度指示标线的蓄电池，可从外部观察，正常液面高度应位于最高和最低液面标记之间，如上图 3-4-1 所示。液面过低时，应补充蒸馏水。

应注意：除非确定液面降低是由于溅出所致，否则不允许加入硫酸溶液。对于不透明外壳的全封闭免维护蓄电池，则不能也无需进行电解液液面高度的测量。

13- 蓄电池更换

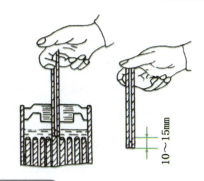

图 3-4-1　用玻璃管测量电解液液面高度

3. 电解液检测

放电程度可以通过测量电解液的密度得到。根据实际经验，密度每下降 $0.01g/cm^3$ 相当于蓄电池放电 6%，所以根据所测得的电解液密度就可以粗略地估算出蓄电池的放电程度。如图 3-4-2 所示，电解液密度用吸式密度计测量；电解液密度还可用专用的冰点测试仪测量，利用 YDT-4T 折射仪测量电解液密度的方法如图 3-4-3 所示。

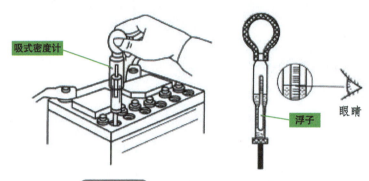

图 3-4-2 吸式密度计测量电解液密度

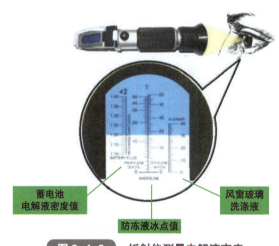

图 3-4-3 折射仪测量电解液密度

当蓄电池在夏季放电超过 50%，在冬季放电超过 25% 时，应及时进行补充充电，否则会使蓄电池早期损坏。

可以根据各单格电池电解液密度的差值判断蓄电池是否失效。如果各单格电池具有相同的密度值，即使密度偏低，该蓄电池一般可以通过补充充电恢复其容量。如果单格电池之间的密度相差超过 $0.05g/cm^3$，则该蓄电池失效。

4. 免维护蓄电池检查

对于免维护蓄电池，还可以通过观察"电眼"判断蓄电池是否正常，其位置如图 3-4-4 所示。观察蓄电池的"电眼"颜色，可以初步判断蓄电池的电量。"电眼"实际上是一个小型的内置式密度计。当蓄电池的电量发生变化时，电解液的密度会相应地变化，因而密度计会上下浮动，从而使"电眼"呈现不同的颜色：绿色表示蓄电池电量正常；黑色表示蓄电池需充电；黄色或无色表示蓄电池坏了，如图 3-4-5 所示。

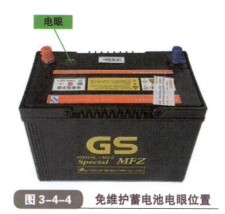

图 3-4-4　免维护蓄电池电眼位置

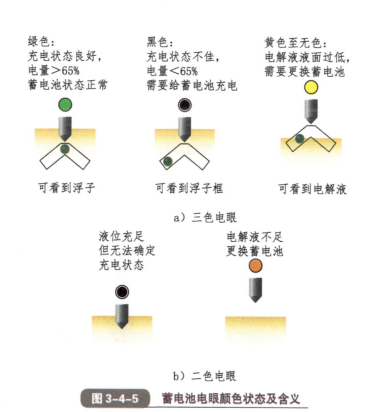

图 3-4-5　蓄电池电眼颜色状态及含义

5. 蓄电池开路电压的检测

测量蓄电池开路电压主要用于判断蓄电池的放电程度。检测时将蓄电池断开，万用表置于电压档，万用表的正、负表笔分别接蓄电池的正、负极。蓄电池开路电压与蓄电池的存电状态之间的关系如表 3-4-1 所示。检测时，蓄电池应处于静止状态，蓄电池充、放电或加注蒸馏水后，应静置 0.5h 后再开始测量。

表 3-4-1　蓄电池存电状态与开路电压的关系

存电状态（%）	100	75	50	25	0
蓄电池开路电压 /V	12.6 以上	12.4	12.2	12	11.9 以下

6. 检测蓄电池放电电压

检测蓄电池放电电压就是测量蓄电池以起动电流放电时的端电压，以此来判断蓄电池的技术状况、放电程度和起动能力。检测时，可用高率放电计检测或就车起动检测。

高率放电计的外形和电路如图 3-4-6 所示。高率放电计是模拟起动机工作状态，检测蓄电池容量的仪表。它由一只电压表和一只负载电阻组成，接入蓄电池时，蓄电池对负载电阻放电，放电电流可达 100A 以上。检测时，将高率放电计的正、负放电针分别压在蓄电池的正、负极桩上，保持 15s，如果电压稳定在 9.6 ~ 10.6V，说明性能良好，但存电不足，应进行补充充电；如果电压稳定在 10.6 ~ 11.6V，说明存电充足；如果电压迅速下降，说明蓄电池有故障，应进行更换。

7. 测试仪检测

蓄电池状态检测应优先使用蓄电池测试仪，它可以检查蓄电池的静态电压、低温起动电流、起动电压和充电电压，从而综合判断蓄电池的技术状况。一汽 - 大众蓄电池测试仪 VAS6161 如图 3-4-7 所示。

使用蓄电池测试仪 VAS6161 测量时，可以检测以下三个方面：①静态测试；②起动测试；③充电测试。蓄电池测试仪 VAS6161 使用电导率测量原理，可以测量蓄电池内电阻，在测试仪中会立即分析测量参数，并在显示屏中显示测量结果。

图 3-4-6　高率放电计　　　图 3-4-7　一汽 - 大众蓄电池测试仪 VAS 6161

（1）静态测试

在质量担保模式下，测试仪具体操作步骤如下。

① 选择测试位置：选择就车测试（IN VEHICLE）或离车测试（OUT OF VEHICLE），然后按回车键。

② 选择温度：是否在 "-32°F" 以上，根据环境温度选择，然后按回车键。

③ 选择蓄电池类型：显示"REGULAR、AGM、2*6SPIRAL、GEL"等类型，根据蓄电池型号选择后，按回车键。

④ 择蓄电池容量类型及容量值：显示"CCA、JIS、DIN、SAE、IEC、EN"等容量类型，选择蓄电池容量类型后，再选择具体容量数值，然后按回车键进行测试。测试结果及分析分为"良好的蓄电池""需要补充充电""充电后重新测试""更换蓄电池"等。

（2）起动测试

当蓄电池选择"就车测试"时，可以在静态测试后进入起动测试"START TEST"。

（3）充电测试

发动机起动后，可以继续进行充电测试。在此过程中，发动机怠速运转，有可能显示屏提示打开、关闭前照灯等负载。

3.4.2 蓄电池的维护

为了使蓄电池经常处于完好状态，延长其使用寿命，对使用中的蓄电池需要进行下列维护工作：

1）经常检查蓄电池盖表面是否清洁，及时清除盖上的灰尘、电解液等脏物，保持加液盖上的通气孔畅通。

2）检查蓄电池外壳，外壳损坏会引起电解液泄漏。流出的电解液会对车辆造成严重损坏。

3）检查车内蓄电池安装是否牢靠，起动电缆与极桩的连接是否紧固，检查电缆的线夹与极桩之间是否有氧化物，如有应及时清除。

4）起动发动机时，每次起动时间不应超过5s，再次起动间隔时间不少于10s。在起动发动机时，请关闭所有用电设备，以减少车辆起动时蓄电池的瞬时负荷。

5）如果汽车长期放置不用，应先对蓄电池进行充分充电。建议每隔一个月将汽车发动起来，用中等转速运行20min左右。如果没有条件做到，可熄火后将蓄电池负极断开，这样就不会有暗电流的消耗，下次用车之前再把负极接上。否则，放置时间太长，将导致蓄电池严重亏电而难以起动发动机。

6）定期对蓄电池进行补充充电，以保证蓄电池始终保持充足电的状态。

7）一般蓄电池的使用年限是2~3年，一般蓄电池使用超过4年建议更换。

3.5 蓄电池的充电

3.5.1 充电方法

蓄电池充电的方法有恒压充电、恒流充电和快速充电3种。

1. 恒压充电

在汽车上，发电机对蓄电池的充电就是恒压充电。恒压充电时，充电初期电流较大，充 4～5h 后即可达到额定容量的 90%～95%，随着蓄电池电动势的增加，充电电流逐渐减小为零。因为充电时间较短，所以不需要照看和调整充电电流，适用于补充充电，一般单格电池充电电压选为 2.5V，12V 蓄电池的充电电压为（14.8±0.05）V。

2. 恒流充电

恒流充电的充电电流保持恒定。恒流充电时，随着蓄电池电动势的增加，应逐步提高充电电压。为缩短充电时间，通常将充电过程分为 2 个阶段，第 1 阶段采用较大的充电电流，使蓄电池的容量迅速恢复。当单格电池电压达到 2.4V，开始电解水产生气泡时，转入第 2 阶段，将充电电流减小一半，直到完全充足电为止。充电电流的大小应按蓄电池容量选择，充电电流过大，会降低蓄电池性能；充电电流过小，会使充电时间过长。

3. 快速充电

快速充电就是采用专门的快速充电机进行充电，补充充电只需 0.5～1.5h，大大缩短了充电时间，提高了充电效率，缺点是不能将蓄电池完全充足电，影响蓄电池的寿命。快速充电适用于电池集中、充电频繁、要求应急的场合。目前常用的快速充电方法有脉冲快速充电和大电流递减充电。

3.5.2 充电注意事项

给蓄电池充电时，应当注意以下几点：
1）关闭所有用电设备。
2）要保证空间通风状况良好。
3）蓄电池温度在 10℃以上。
4）电解液温度超过 55℃时必须中断充电。
5）尽量不要选择给蓄电池快速充电，否则会缩短蓄电池寿命。
6）蓄电池一般应在 5～35℃范围内进行充电，低于 5℃或高于 35℃都会降低蓄电池寿命。

第 4 章

充电、起动系统

Chapter 4

4.1	充电系统	76
4.2	起动系统	87

4.1 充电系统

4.1.1 充电系统组成和充电过程

1. 充电系统组成

汽车的充电系统由蓄电池、发电机、电压调节器、充电指示灯、点火开关和导线等组成,如图4-1-1所示。点火开关控制发电机的励磁电路。当点火开关打开时,发电机内部定子与转子之间建立磁场。

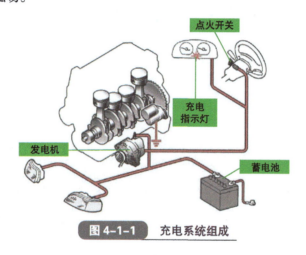

图 4-1-1　充电系统组成

2. 充电过程

充电系统电路如图4-1-2所示,在充电系统中蓄电池和发电机是并联工作的。汽车起动时,蓄电池向起动机供电;在发动机正常工作时,发电机向用电设备供电并向蓄电池充电。由于发电机是由发动机通过传动带驱动旋转的,当发动机转速变化时,发电机输出电压也会变化。为满足汽车设备用电及蓄电池充电恒定电压的要求,充电系统内均设置电压调节器,以保证发电机输出的电压稳定在一定范围内,防止因电压起伏过大而烧毁用电设备。

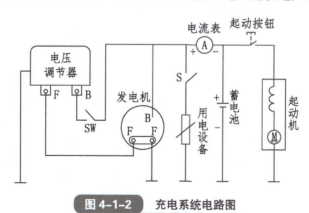

图 4-1-2　充电系统电路图

4.1.2 交流发电机的作用与结构

1. 交流发电机的作用

交流发电机是汽车的主要供电电源,其作用是在发动机正常工作时,向除起动机以外的所有用电设备供电,包括为蓄电池充电。

2. 交流发电机的结构

国内外生产的汽车用硅整流发电机,结构基本相同。它主要由转子、定子、整流器、电刷与电刷架、前后端盖、风扇、带轮等组成,整体结构如图 4-1-3 所示。

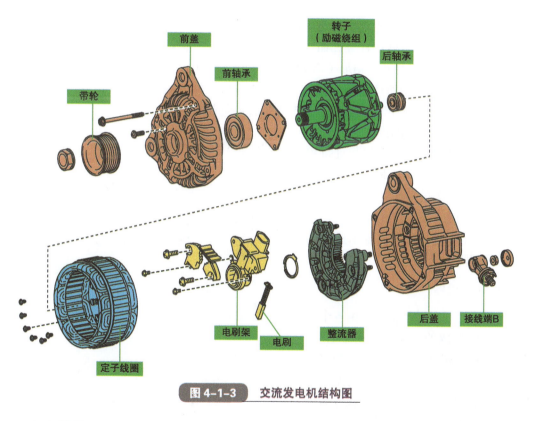

图 4-1-3　交流发电机结构图

（1）转子

转子的功用是产生磁场,主要由两块爪极、磁轭、励磁绕组、转子轴和集电环组成,如图 4-1-4 所示。两块爪极压装在转子轴上,两块爪极的空腔内装有磁轭并绕有励磁绕组,励磁绕组的两端引出线分别焊接在与轴绝缘的集电环上,两个电刷与集电环接触,将直流电流引入励磁绕组（该电流称为发电机的励磁电流）。在励磁绕组中生产磁场,使一块爪极被磁化成 N 极,另一块爪极被磁化成 S 极,从而形成相互交错的 N、S 磁极。当转子转动时就形成了旋转的磁场。

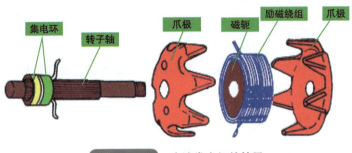

图 4-1-4　交流发电机的转子

（2）定子

定子又称电枢，是用于产生交流电动势的，由铁心和定子绕组组成。定子铁心由相互绝缘的内圆带槽的环状硅钢片叠加而成，定子槽内置有三相对称绕组，三相绕组的联结方法可分为星形（Y）联结和三角形（△）联结，图 4-1-5 所示为 Y 形联结。

为保证三相绕组中所产生的电动势是对称电动势，即电动势的大小相等、电位差相差 120°（电角度）。这样三相绕组在定子槽中的绕法必须满足以下三点：

1）每个绕组中线圈的个数、每个线圈的匝数完全相等，这样可保证每相绕组所产生的电动势大小相等。

2）每个线圈的节距（两个有效边所跨的定子槽数）必须相同。

3）三相绕组的首端在定子槽内的排列必须间隔 120°。

（3）整流器

交流发电机的整流器，是由 6 个硅整流二极管组成的三相桥式整流电路，其作用是将三相绕组中产生的三相交流电转换为直流电，图 4-1-6 为交流发电机硅整流器实物。硅整流二极管分为正极管和负极管，其安装如图 4-1-7 所示。

1）**正极管**。其中心引线为二极管的正极，外壳为负极，在管壳底上一般标有红色标记。在负极搭铁的交流发电机中，三个正二极管的外壳压装在元件板的三个座孔内，共同组成发电机的正极，由一个与后端盖绝缘的元件板固定螺栓通至机壳外，作为发电机的电源线

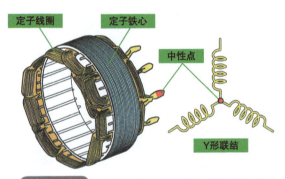

图 4-1-5　定子结构及定子绕组的连接方式

图 4-1-6　交流发电机硅整流器实物

接线柱"B"("+","A"或"电枢"接线柱)。

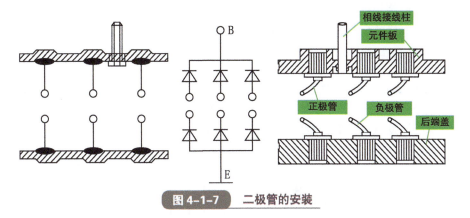

图 4-1-7　二极管的安装

2）负极管。其中心引线为二极管的负极,外壳为正极,管壳底部一般有黑色或绿色标记。三个负极管的外壳压装在后端盖的三个孔内,和发电机外壳一起成为发电机的负极。

（4）端盖及电刷组件

前端盖、后端盖的作用是支撑转子总成,并封闭内部构造。它由非导磁材料铝合金制成的,漏磁少,并具有轻便、散热性能好等优点,如图4-1-8所示。

电刷组件由电刷、电刷架和电刷弹簧组成,安装在发动机的后端盖上。电刷俗称碳刷,它通过弹簧与转子轴上的集电环保持接触,电刷和电刷架的作用是将电流引入发电机。电刷架有外装式和内装式两种形式,如图4-1-9所示。外装式电刷架从发电机的外部拆下电刷弹簧盖板即可拆下电刷,拆装检修方便,因此被广泛采用。

图 4-1-8　发电机端盖

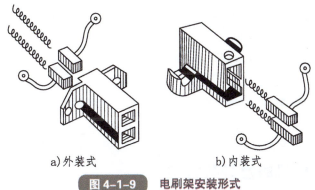

a) 外装式　　b) 内装式

图 4-1-9　电刷架安装形式

交流发电机有内搭铁和外搭铁之分,如图4-1-10所示。内搭铁的交流发电机,其励磁绕组的两端通过电刷分别引至发电机后端盖上的接线柱,分别称为"F"（或"磁场"）和

"E"（或"搭铁"）接线柱，即励磁绕组的一段在发电机的外壳上直接搭铁。外搭铁式的交流发电机，其励磁绕组的两端引至后端盖上的接线柱，分别称为"F_1"和"F_2"接线柱，两个接线柱均与发电机的后端盖绝缘，且励磁绕组需经调节器搭铁。

（5）带轮及风扇

交流发电机的前端装有带轮，由发动机通过风扇传动带驱动发电机旋转。在带轮的后面装有叶片式风扇，前、后端盖上分别有出风口和进风口。当发动机带动发电机高速旋转时，可使空气流经发电机内部，对发电机进行强制冷却。

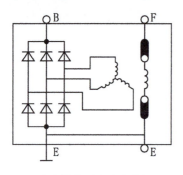

a) 内搭铁型交流发电机　　b) 外搭铁型交流发电机

图 4-1-10　交流发电机的搭铁方式

3. 发电机发电原理

当转子旋转时，磁通交替地在定子绕组中变化。根据电磁感应原理可知，定子的三相绕组中便可产生交变的感应电动势，而后经整流器整流为直流电输出，这就是交流发电机的工作原理，如图4-1-11所示。

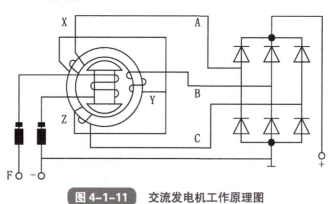

图 4-1-11　交流发电机工作原理图

4.1.3　交流发电机的检查与维护

1. 交流发电机的基本检查与维护

1）检查安装发电机的螺栓、发电机接线螺栓是否牢靠。

2）目测检查集电环是否有烧蚀、划伤、变色、变脏。如有划伤可用细砂纸抛光。

3）目测定子绕组和励磁绕组有无绝缘物烧蚀。如果有应更换定子或转子组成。

4）目测前、后端盖，风扇及带轮有无裂纹。如有应更换该部件。

5）检测电刷高度小于 7mm 时，必须更换。

6）汽车每行驶 15000km 应检查与调整交流发电机传动带的挠度，发电机传动带过松将影响发电机的发电量，过紧将导致轴承早期损坏。

7）蓄电池必须负极搭铁，不能接反，否则会烧坏发电机或调节器的电子元件。检修交流发电机前，一定要断开点火开关，断开蓄电池负极。

8）当整流器的 6 个整流二极管与定子绕组连接时，禁止使用 220V 交流电源检查发电机的绝缘情况，否则将会损坏二极管。

2. 零件检测

（1）发电机轴承的检测

如图 4-1-12 所示，通过使前、后轴承在转子轴上旋转的办法检查轴承有无噪声、晃动或发涩。如果有任何一种情况，都需更换轴承。

14- 汽车交流发电机的拆装与检修

（2）转子的检测

转子是一个旋转的电磁体，内部有一个励磁绕组，励磁绕组的两端连到集电环上。因此，利用万用表电阻档检查集电环之间是否存在短路、断路情况，可判断励磁绕组是否存在短路、断路，如图 4-1-13 所示。用万用表可以检测励磁绕组的电阻，如电阻值低于标准值，则说明励磁绕组短路；如果电阻值为无穷大，则说明励磁绕组断路。

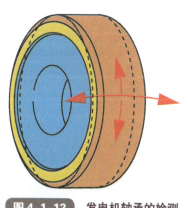

图 4-1-12　发电机轴承的检测

对于每个集电环与转子之间的绝缘状况，可用万用表检测集电环与转子之间的电阻来判断。电阻应为无穷大，如果电阻值很小，则说明励磁绕组搭铁，如图 4-1-14 所示。

图 4-1-13　检查励磁绕组是否短路、断路

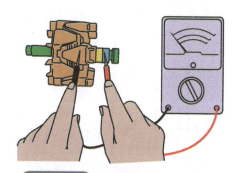

图 4-1-14　检查励磁绕组是否搭铁

无论励磁绕组是短路、断路还是搭铁，都必须更换转子。更换转子的费用与更换发电机的费用接近，一般当励磁绕组需要更换时，可直接更换发电机。

(3）定子的检测

可利用万用表或数字万用表检测定子绕组是否断路和搭铁。

如图4-1-15所示，用万用表检测定子绕组是否断路。检测时，两只表笔分别接定子绕组任意的两个引出端子并测量3次，电阻值均应小于0.5Ω。如果电阻值有无穷大的情况，说明定子绕组断路，需更换定子绕组或定子总成。

如图4-1-16所示，用万用表可检测定子绕组是否搭铁。用万用表的两只表笔一只接定子绕组的任意一端，另一只接定子铁心，测量3次，电阻值应为无穷大；否则说明定子绕组搭铁，需要更换定子绕组或定子总成。

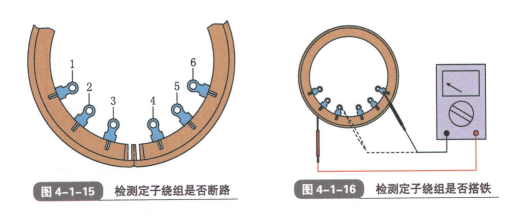

图4-1-15 检测定子绕组是否断路   图4-1-16 检测定子绕组是否搭铁

定子绕组短路很难检测，因为一个正常的定子绕组的电阻值非常低，一般仅为200～800mΩ。定子之间有无短路最好在发电机分解之前，通过台架试验检测其输出功率来进行判断。无论定子绕组是断路、短路还是搭铁，均需更换定子总成。

（4）整流器的检测

整流器的检测主要是检测整流器的二极管。首先将二极管的端头与定子之间的连线断开，使用万用表的二极管测试模式，如图4-1-17所示，在整流器的端子B和端子P1到P4之间进行测量。交换导线时，检查是否只能单向导通，改变端子B和端子E的连接方式，测量过程同上。如果二极管双向导通或者双向不导通，说明二极管已损坏。

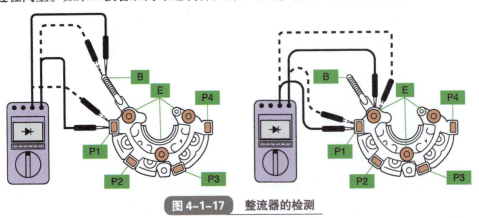

图4-1-17 整流器的检测

用万用表的电阻档进行检测,用万用表的两个表笔分别接到二极管的引线与壳体上,测二极管的正向电阻和反向电阻。二极管的正向电阻应为 8~10Ω,反向电阻应在 1000Ω 以上。若正、反向电阻均为 0,说明二极管短路;若正、反向电阻均为无穷大,说明二极管断路。

目前,汽车常用的整流二极管有焊接式和压装式两种安装方式。对于二极管为焊接式的整流器,只要有一只二极管短路或断路,则需更换该二极管所在的正整流板总成或负整流板总成。而于二极管为压装式的整流器,当二极管短路或断路后,只需更换故障二极管即可。需要注意的是:更换整流板总成或二极管之前,要确定二极管的极性。

4.1.4 充电系统常见故障诊断与排除

充电系统故障可根据车上电流表或者充电指示灯的工作情况反映。充电系统常见故障有不充电、充电电流过小、充电电流过大、充电不稳等,充电系统常见故障现象及诊断与排除见表 4-1-1。

表 4-1-1 充电系统常见故障现象及诊断与排除

故障现象		故障原因	诊断与排除
不充电	发电机以中速以上速度运转时,充电指示灯仍指示放电,或充电指示灯仍亮	(1)线路的接线断开或短路 (2)充电指示灯接线错误 (3)发电机故障	(1)检查发电机传动带是否过松或断裂,如有则更换 (2)检查充电线路接线是否正确,各导线和接头有无断裂或松脱,如有,应正确接通电路、拧紧接线柱 (3)检查定子绕组和励磁绕组是否有断路和搭铁故障,如有建议更换发电机总成 (4)检查集电环是否严重烧蚀、脏污、裂痕,如有可通过加工修复;电刷是否过度磨损、卡死,如有应更换电刷 (5)检查整流器二极管是否损坏,如有可更换整流器总成
充电电流过小	蓄电池在亏电情况下,发动机中速以上运转时,充电电流很小	(1)充电线路接触不良 (2)发电机故障	(1)检查接线柱是否松动或接触不良,如有,拧紧接线柱 (2)检查发电机传动带松紧度,按要求张紧 (3)检查定子绕组和励磁绕组匝间是否短路,如有建议更换发电机总成 (4)检查集电环是否轻度烧蚀、脏污,如有,可用细砂纸打磨集电环;检查电刷是否过短,电刷弹簧张力是否减弱,如有则更换电刷及电刷弹簧 (5)检查是否有个别二极管损坏,如有,对于压装的二极管可以个别更换,否则更换整流器总成
充电电流过大	蓄电池在充足电的情况下,充电电流仍在 10A 以上	(1)调节器损坏 (2)发电机电刷与元件板短路,造成调节器不起作用	将调节器励磁接线柱上的线取下,提高发动机转速,观察是否仍有充电电流。若有,说明发电机内部电刷与元件板短路,应更换发电机。若没有,说明调节器故障,因电子调节器不能检修建议更换总成

15- 不充电故障检修

16- 充电指示灯故障检修

（续）

故障现象	故障原因	诊断与排除
充电电流不稳 发电机转速在高于怠速时，时而充电，时而不充电，充电指示灯时而亮时而不亮	（1）发电机传动带过松、跳动 （2）充电系统线路连接不良 （3）发电机转子或定子绕组局部短路或断路；集电环脏污或电刷与集电环之间接触不良	（1）检查和调整发电机传动带，排除传动带打滑和导线接触不良等因素 （2）检查集电环和电刷的接触是否良好；检查整流器，清洗油污表面

1. 充电指示灯不启亮（JLC-4G18）

吉利帝豪 GS 充电指示灯（JLC-4G18）线路图如图 4-1-18 所示。

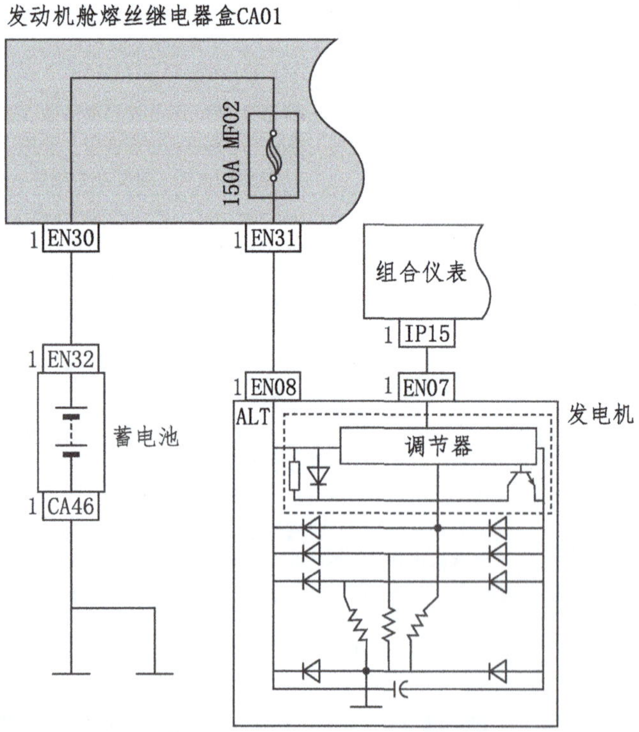

图 4-1-18　吉利帝豪 GS 充电指示灯线路图

诊断步骤如图 4-1-19 所示。

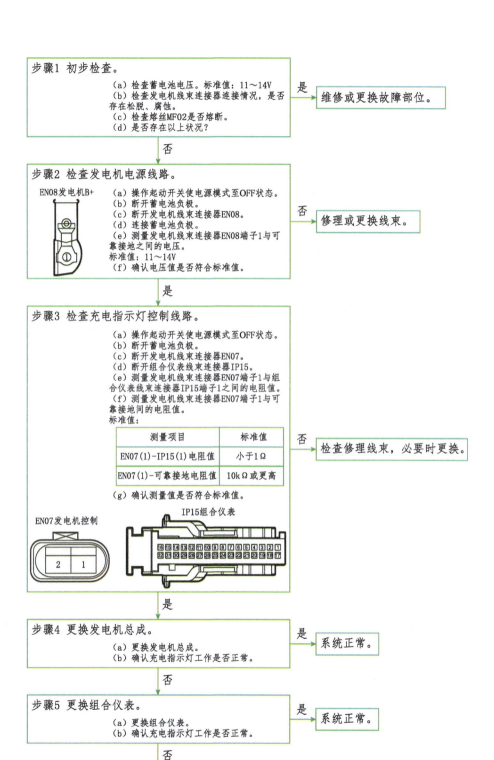

图 4-1-19　充电指示灯不启亮诊断步骤

2. 充电指示灯始终启亮（JLC-4G18）

诊断步骤如图 4-1-20 所示。

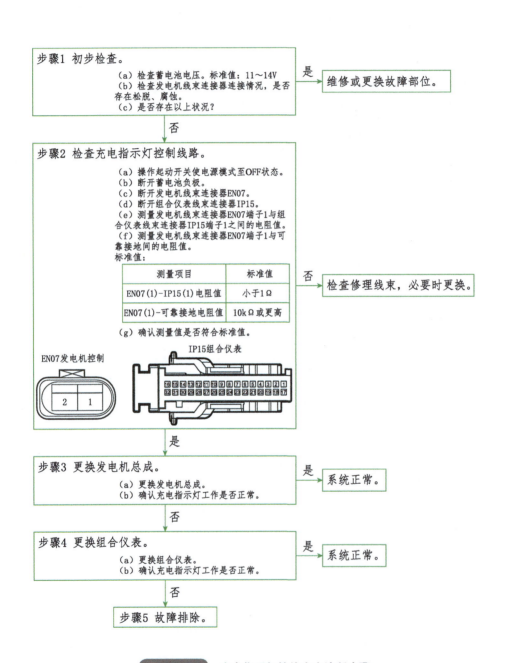

图 4-1-20　充电指示灯始终启亮诊断步骤

4.2 起动系统

4.2.1 起动系统的组成及起动过程

1. 起动系统的组成

起动系统由蓄电池、起动机、起动继电器、点火开关和相关线路组成,起动机在车上的位置如图4-2-1所示。

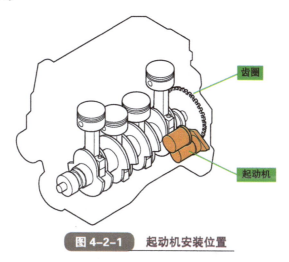

图4-2-1　起动机安装位置

2. 起动过程

起动系统在正常使用条件下,通过起动机将蓄电池储存的电能转变为机械能,带动发动机以足够高的转速运转,以顺利起动发动机。当发动机进入自行运转状态后,起动系统应立即与曲轴分离并停止工作,以防止发动机高速运转时起动机产生很大离心力而导致损坏。起动系统的起动过程如图4-2-2所示,总体而言可分为吸引、保持、返回三个过程。

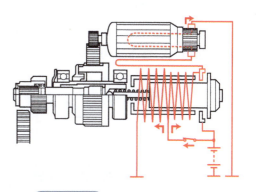

图4-2-2　起动系统的吸引过程

（1）吸引（图4-2-2）

当点火开关旋到START（起动）位置时,蓄电池电流流到吸引线圈和保持线圈。然后电流从吸引线圈经磁场线圈到电枢线圈,以低速旋转线圈。在保持线圈和吸引线圈内的磁通磁化铁心,这样,磁性开关的活动铁心被吸入磁极心。通过这一吸入操作,小齿轮被推出,并与齿圈啮合,接触板将主接触点开到ON。

（2）保持（图4-2-3）

当主接触点开到ON时，无电流流经吸引线圈，磁场线圈和电枢线圈直接从蓄电池得到电流。电枢线圈随后便开始高速旋转，发动机进行起动。此时，活动铁心只是由保持线圈所施加的磁力固定到位，因为无电流流过吸引线圈。

（3）返回（图4-2-4）

当点火开关从START开到ON时，电流从主接触侧经吸引线圈流到保持线圈。此时，由于吸引线圈与保持线圈形成的磁力相互抵消，它们失去了保持活动铁心的力。因此，活动铁心被复位弹簧的力拉回，并且接触点关到OFF，停止起动机的旋转。

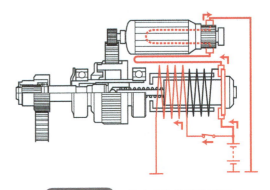

图4-2-3 起动系统的保持过程

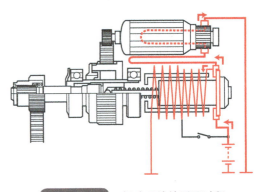

图4-2-4 起动系统的返回过程

4.2.2 起动机的构造及拆装

1. 起动机的构造

起动机是起动系统的主要组成部分。通常由直流电动机、传动机构和控制装置3部分组成，起动机的整体结构如图4-2-5所示。

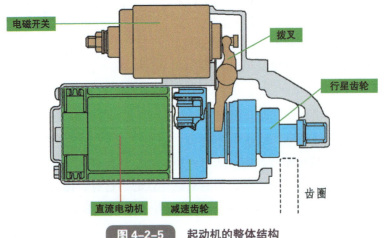

图4-2-5 起动机的整体结构

17-起动机的组成

（1）直流电动机

电动机的作用是将蓄电池输入的电能转换为机械能，产生使发动机运转的电磁转矩。直流电动机主要由电枢（转子）、磁极（定子）、换向器、电刷、电刷架、端盖等部件构成。

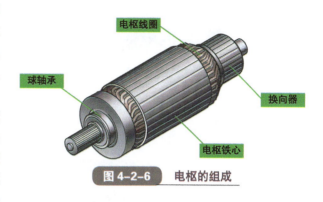

图 4-2-6　电枢的组成

1）电枢。电枢的作用是产生电磁转矩，它由电枢铁心、电枢线圈、换向器等组成，如图 4-2-6 所示。为了获得足够的转矩，通过电枢线圈的电流一般为 200~600A，因此电枢线圈采用的都是较粗的矩形截面的铜线绕制而成。电枢线圈各线圈的端头均匀地焊接在换向器片上，通过换向器和电刷将蓄电池的电流引进来。

换向器的作用是将电源提供的直流电转变成电枢线圈所需要的交流电，以保证电枢线圈所产生的转矩方向不变。

2）磁极。磁极的作用是产生磁场，它由固定在机壳上的磁极心和磁场线圈组成，其结构如图 4-2-7 所示。为增大磁场强度，一般采用 4 个磁极，两对磁极相对交错地安装在电动机定子内壳上。4 个磁场线圈有串联和并联两种连接方式，如图 4-2-8 所示。汽车起动机中的直流电动机的磁场线圈是串联方式连接的，故起动电动机可以称为直流串励电动机。磁场线圈一端接在外壳的绝缘接线柱上，另一端与两个非搭铁的电刷相连。

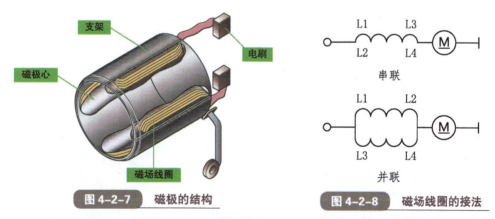

图 4-2-7　磁极的结构　　　图 4-2-8　磁场线圈的接法

3）电刷与电刷架。电刷和电刷架的组合如图 4-2-9 所示，电刷和电刷架的作用是将电流引入电动机，使电枢产生定向转矩。电刷置于电刷架中，通过弹簧压紧在换向器上。电刷架一般为框式结构，其中正极电刷架与端盖绝缘地固装，负极电刷架直接搭铁。

（2）传动机构

传动机构主要是离合机构，离合机构的作用是在发动机起动时，使起动机驱动齿轮啮入飞轮齿圈，将起动机转矩传给发动机曲轴；而在发动机起动后，使驱动齿轮打滑与飞轮齿圈自动脱开，以防止飞轮带动电枢高速旋转，造成电枢线圈"飞散"。

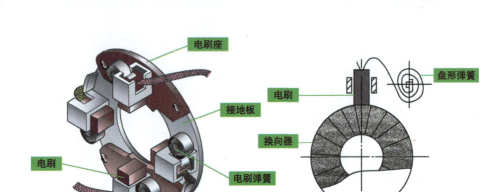

图 4-2-9　电刷和电刷架的组合

滚柱式离合器是目前国内外汽车起动机中使用得最多的一种。滚柱式离合器通过改变滚柱在楔形槽中的位置来实现分离和结合，它具有结构简单、坚固耐用、体积小、重量轻、工作可靠等优点。它的结构如图 4-2-10 所示。

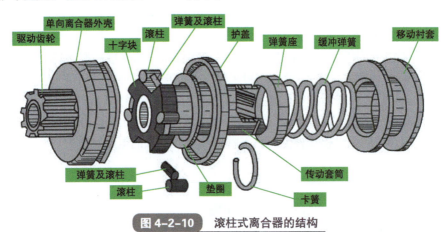

图 4-2-10　滚柱式离合器的结构

（3）控制装置

控制装置主要是电磁开关，电磁开关的作用是控制电动机与蓄电池之间的电路的通断，从而控制起动机的工作。电磁开关主要由吸引线圈（牵引线圈或吸拉线圈）、保持线圈、复位弹簧、活动铁心、接触片等组成，如图 4-2-11 所示，它安装于直流电动机壳体上方。

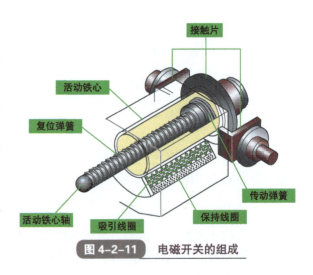

图 4-2-11　电磁开关的组成

2. 起动机的拆装与车上检查

（1）起动机的拆装与车上检查

1）打开发动机舱盖。

2）断开蓄电池负极电缆。

3）拆卸发动机装饰罩。

4）拆卸空气滤清器进气管。

5）拆卸上壳出气口法兰盘。

6）拆卸空气滤清器。

7）拆卸起动机（图4-2-12和图4-2-13）。

① 断开起动机电源线（图4-2-12中①）。

② 断开起动机电磁开关线（图4-2-12中②）。

③ 拆卸起动机2个固定螺栓（图4-2-13）。

④ 取下起动机。

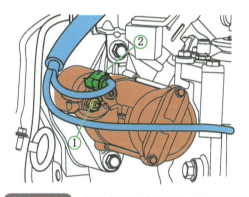

图4-2-12 断开起动机电源线和电磁开关线

图4-2-13 拆卸起动机固定螺栓

（2）检查起动机

1）将起动机夹在台虎钳上。

2）将蓄电池和电流表连接至起动机。

3）离合器小齿轮保持伸出时，检查并确认起动机转动平稳。按照图4-2-14进行检查，并确认电流表读数符合规定的电流值。起动机（电磁开关）保持线圈(12.2V时)标准电流为36A；起动电机（电磁开关）吸拉线圈(12.2V时)标准电流为13A。

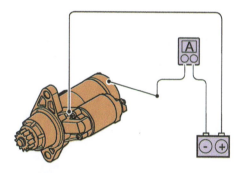

图4-2-14 检查起动机（电磁开关）线圈电流

（3）车上检查起动机继电器

1）对起动机继电器的85号端子与86号端子（图4-2-15）施加直流12V电压，能够听到继电器吸合发出的"咔嗒"声。

2）在未对起动机继电器的85号端子与86号端子（图4-2-15）施加直流12V电压时，测量30号端子与87号端子之间的电阻（标准值：大于10kΩ）。

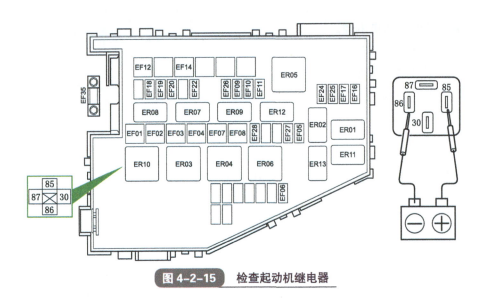

图 4-2-15　检查起动机继电器

4.2.3　起动系统常见故障诊断与排除

1. 起动机噪声故障

诊断流程如图 4-2-16 所示。

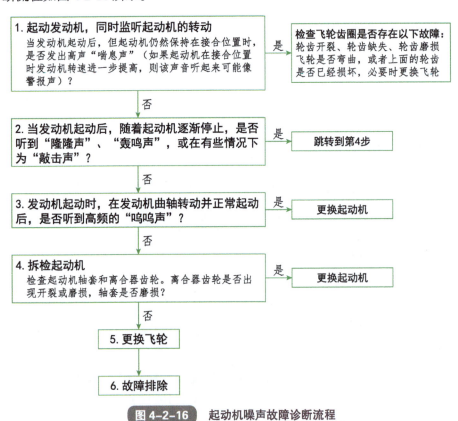

图 4-2-16　起动机噪声故障诊断流程

2. 起动机不能停止故障

诊断流程如图 4-2-17 所示。

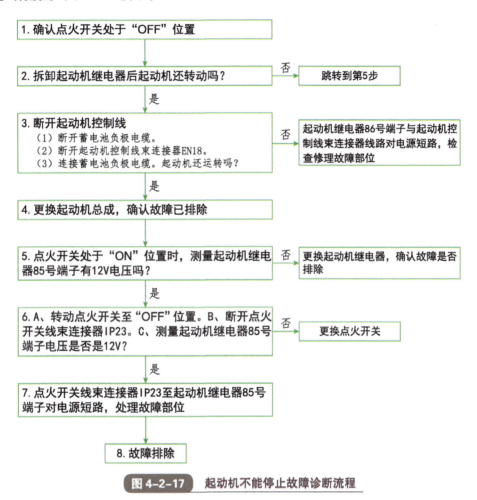

图 4-2-17　起动机不能停止故障诊断流程

第 5 章 点火系统

Chapter 5

5.1 点火系统组成、作用及
工作原理　　　　　　　96

5.2 点火系统主要部件的
检查与更换　　　　　　99

5.1 点火系统组成、作用及工作原理

5.1.1 点火系统组成

计算机点火控制系统主要由各类传感器、发动机控制单元（发动机 ECU）和点火执行器 3 部分组成，如图 5-1-1 所示。计算机点火控制系统是由发动机控制单元根据各传感器提供的信号，确定点火时刻，并发出点火控制信号，点火器根据发动机控制单元指令，控制点火线圈初级回路的导通和截止。

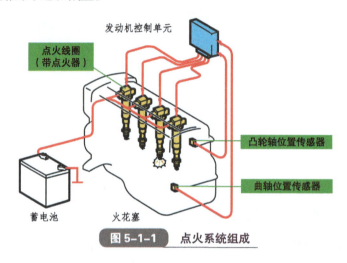

图 5-1-1　点火系统组成

1. 点火线圈

点火线圈实质上是一个变压器，其作用是将 12V 低电压变成点火所需的高压脉冲直流电。点火线圈的结构如图 5-1-2 所示。

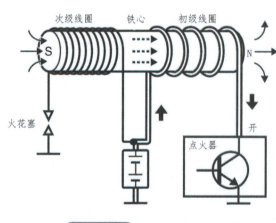

图 5-1-2　点火线圈结构

2. 火花塞

火花塞的作用是将高电压引入气缸燃烧室，产生电火花点燃可燃混合气。火花塞的结构如图 5-1-3 所示。

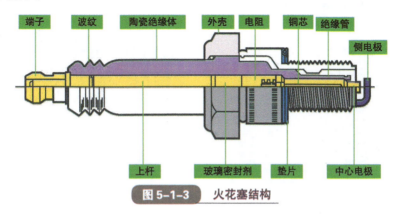

图 5-1-3　火花塞结构

3. 点火器

点火器需根据 ECU 的控制信号（IG_t）控制点火线圈初级线圈回路通电或通断。它还必须根据 ECU 的控制信号（IG_d）控制各点火线圈的工作顺序，以保证发动机各气缸的做功顺序，并在点火完成后向 ECU 输送点火确认信号（IG_f）。

4. 传感器

传感器主要用于检测发动机各种运行参数的变化，为 ECU 提供点火提前角的控制依据。

（1）曲轴位置传感器

曲轴位置传感器也作为发动机转速传感器使用，它的作用是采集曲轴转动角度或发动机转速信号，并输入 ECU，作为点火控制和喷油控制的主要参数之一，如图 5-1-4 所示。曲轴位置传感器一般安装于曲轴前端、中部或变速器壳体靠近飞轮的位置。

（2）凸轮轴位置传感器

凸轮轴位置传感器的作用主要是检测凸轮轴的位置和转角，从而确定第 1 缸活塞的压缩上止点位置。双可变气门正时（DT）系统的进、排气凸轮轴各有一个凸轮轴位置传感器。凸轮轴位置传感器通常是霍尔式的，安装在气门室盖后部，传感器头部对应凸轮轴末端的信号转子，如图 5-1-5 所示。

图 5-1-4　曲轴位置传感器

（3）爆燃传感器

爆燃传感器的作用是向发动机 ECU 输入爆燃信号，经过 ECU 处理后，控制点火提前角，以实现最佳点火提前角的反馈控制。爆燃传感器通常安装在发动机缸体上或安装在火花塞上，一般通过检测发动机振动的方法获取有无爆燃及爆燃的强度信号，如图5-1-6所示。

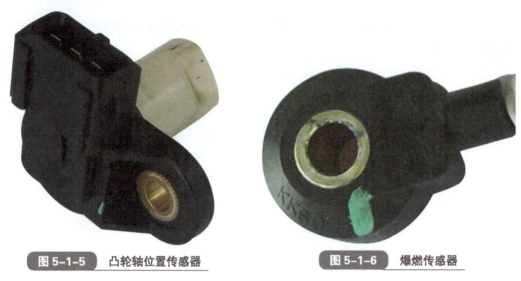

图 5-1-5　凸轮轴位置传感器　　　　图 5-1-6　爆燃传感器

5.1.2　无分电器计算机控制点火系统的工作原理

无分电器计算机控制点火系统具有电子配电功能，根据高压配电方式的不同分为独立点火方式和同时点火方式两种，其工作原理也各不相同。

1. 同时点火

同时点火一般采用一个点火线圈同时对两个气缸进行点火，即双缸点火方式。这种点火方式利用一个点火线圈对活塞接近压缩行程上止点和排气行程上止点的两个气缸同时点火，如图 5-1-7 所示。这种方式可减少点火线圈的数量，但如果一个气缸的火花塞或高压线出现故障，则会同时影响两个气缸的工作。

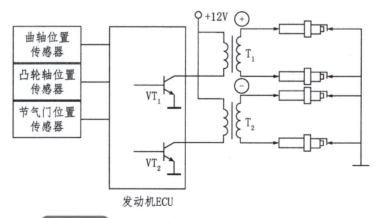

图 5-1-7　无分电器式同时点火方式电控点火系统电路

2. 独立点火

独立点火方式是一个缸的火花塞配一个点火线圈，各个独立的点火线圈直接安装在火花塞上，独立向火花塞提供高压电，各缸直接点火，如图5-1-8所示。此结构的特点是去掉了高压线，可以使高压电能的传递损失和对无线电的干扰降低到最低水平。发动机ECU可单独对每一个气缸的点火正时进行调整，可提高燃烧效率。例如，如果爆燃传感器检测到第3缸点火后产生爆燃，则ECU会单独减小第3缸的点火提前角。

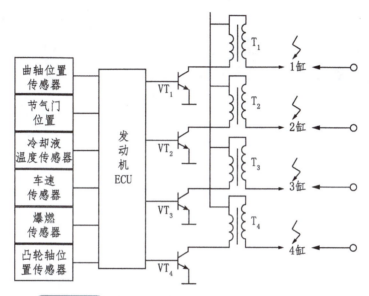

图5-1-8　无分电器式独立点火方式电控点火系统电路

5.2　点火系统主要部件的检查与更换

5.2.1　点火线圈的检查

1. 电阻检查

使用万用表的电阻档测量点火线圈初级线圈和次级线圈的电阻，并与标准值比较，以此来判断点火线圈是否短路或断路。为使测量更准确，测量前断开点火线圈线束插接器，具体操作步骤如下：

1）测量初级线圈电阻。将万用表置于"Ω"档，测量点火线圈初级线圈的电阻，如图5-2-1所示。大多数初级线圈的电阻值为1～3Ω，有些初级线圈电阻值可能低于1Ω。标准电阻值参见相应车型的维修手册。

2）测量次级线圈电阻。将万用表置于"kΩ"档，测量点火线圈的两个高压输出端子或初级线圈正极与次级线圈输出端子之间的电阻，多数次级线圈的电阻值为6～30Ω，如图

5-2-2 所示。标准电阻值参见相应车型的维修手册。

2. 绝缘检查

使用万用表的电阻档测量点火线圈任一接柱与外壳之间的电阻,电阻值应不小于 50MΩ,否则说明点火线圈绝缘不良,应更换点火线圈。

图 5-2-1　初级线圈电阻的测量

图 5-2-2　次级线圈电阻的测量

5.2.2　火花塞的检查

1. 目视检查

18- 火花塞的检查与更换

火花塞在高温、高压环境中工作,还要受燃油中化学添加剂的腐蚀,因此故障率较高。正常工作的火花塞绝缘体裙部呈浅棕色或灰白色,轻微的积炭和电极烧蚀属正常现象。目视检查火花塞的电极和绝缘体外观是否出现以下现象:

① 火花塞烧损,例如火花塞绝缘体起皱、破裂、电极烧蚀、熔化等。
② 火花塞上有沉积物,例如积炭、积油、积灰等。
③ 火花塞电极间隙过大或过小,使点火性能下降。

2. 电极间隙检查

如图 5-2-3 所示,使用塞尺检查火花塞电极间隙,间隙值应符合规定。火花塞的电极间隙一般为 0.6～1.2mm,具体数据参见相应车型的维修手册。测量时,用规定厚度的塞尺插入火花塞电极间隙中,感觉稍有阻力即为合适,否则需用专用工具通过弯曲火花塞侧电极来调整电极间隙。

3. 火花塞跳火检查

断开全部喷油器插头,使其不能喷油。取出带点火器的点火线圈和火花塞。重新将火花塞安

图 5-2-3　火花塞电极间隙检查

装到点火线圈内,连接点火器插接器。将火花塞搭铁,然后起动起动机带动曲轴和凸轮轴转动,检查火花塞的跳火情况,如图 5-2-4 所示。

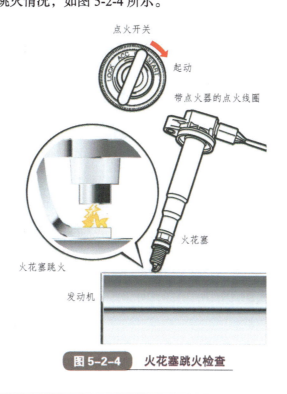

图 5-2-4　火花塞跳火检查

5.2.3　点火系统检修

1. 点火线圈/火花塞拆装

拆装步骤见表 5-2-1。

表 5-2-1　点火线圈/火花塞拆装步骤

步骤	详情	图示
1	拆卸发动机罩	
2	拆下如图 5-2-5 所示箭头处的螺母,取下接地线	图 5-2-5　取下接地线

（续）

步骤	详情	图示
3	断开4个气缸点火线圈插接器，如图5-2-6所示	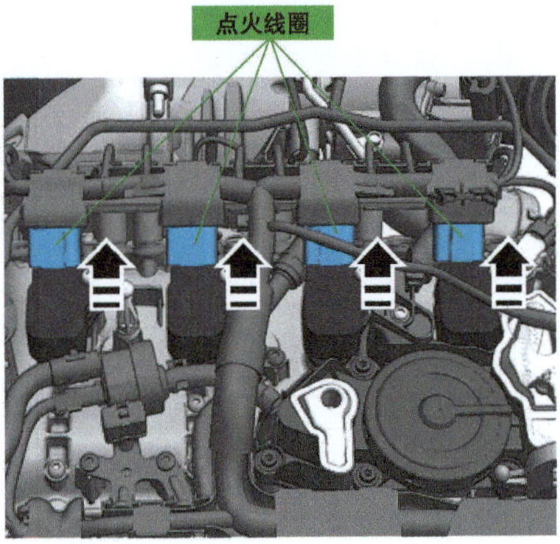 图5-2-6 断开点火线圈插接器
4	用手轻轻晃动火花塞并向上轻轻拔起点火线圈，也可使用专用的顶拔器	
5	使用火花塞扳手旋出火花塞	
6	点火线圈安装注意事项：将火花塞用火花塞扳手按照规定力矩安装好后，在如图5-2-7所示的箭头处的点火线圈密封软管四周，涂上一层薄薄的硅酮膏。用手将点火线圈均匀地压在火花塞上，不可以使用敲击工具敲击，最后以10N·m的力矩拧紧点火线圈固定螺栓	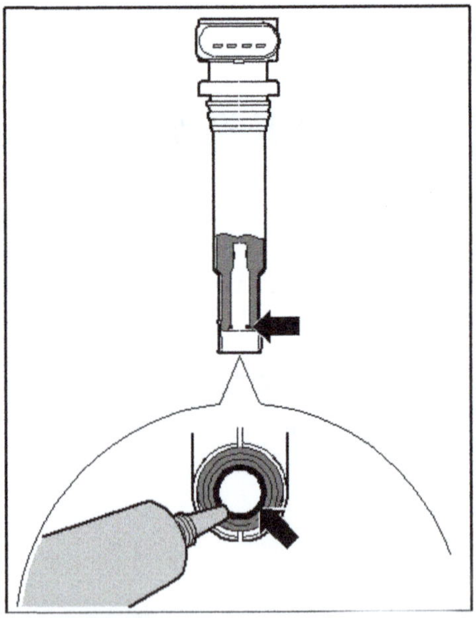 图5-2-7 点火线圈密封圈涂上硅酮膏

2. 火花塞的更换周期

火花塞使用的材质对于它的更换周期有决定性的影响。不同材质的火花塞更换周期一般不同，具体见表5-2-2。

表 5-2-2　火花塞的更换周期

材质	更换周期 /1×10^4km	材质	更换周期 /1×10^4km
铜芯	2~3	白金芯	8 左右
镍合金芯	4~6	铱金芯	10 或更长

3. 点火器的检查

在使用中，接好点火线圈与点火器的线束连接器，用万用表或示波器检测发动机 ECU 相应端子间的电压，应符合表 5-2-3 所示的标准，否则说明点火器或 ECU 有故障。

表 5-2-3　点火器检查标准

检测端子	检查条件	检查标准
IG_t 与搭铁	发动机工作	有脉冲
IG_f 与搭铁	发动机工作	有脉冲

4. 传感器的检查与更换

（1）曲轴位置传感器

1）曲轴位置传感器的检查。一汽大众新迈腾曲轴位置传感器 G28 电路如图 5-2-8 所示。端子 T2yf/1 为传感器信号端子之一，与 ECU 的 T60ya/51 端子相连；端子 T2yf/2 为传感器另一信号端子，与 ECU 的 T60ya/36 端子相连。

① 故障征兆检测：在发动机运行中，当曲轴位置传感器出现故障时，会导致信号中断、发动机不能起动或在运行时立即熄火，这时电子控制单元可以诊断到故障并进行故障码存储。

② 曲轴位置传感器的电阻检查：关闭点火开关，拔下传感器连接器插头，检查传感器上 1# 端子与 2# 端子间电阻，应为 980~1600Ω。若电阻为无穷大，说明信号线圈存在断路，应更换传感器。

③ 输出电压测量：用万用表的交流电压档测量，在线路正常连接、发动机运转时测量 1# 端子与 2# 端子间电压，其电压值应在 0.2~2V 之间波动。

2）曲轴位置传感器的更换。曲轴位置 / 发动机转速传感器集成在变速器侧的密封凸缘中。凸缘通过螺栓固定到气缸体上，如图 5-2-9 所示。该传感器扫描曲轴上的传感器脉冲轮（信号靶

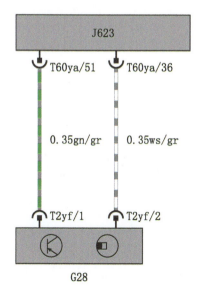

图 5-2-8　一汽大众新迈腾曲轴位置传感器 G28 电路

轮），发动机控制单元可使用这些信号辨识发动机转速。

图 5-2-9　曲轴位置/发动转速传感器安装位置

发动机控制单元使用该信号确定计算所得的喷射时间、喷射持续时间和点火正时。此信号还和凸轮轴位置传感器一起使用，用于确定曲轴和凸轮轴的位置关系以及凸轮轴调节的相关位置。

如果发动机转速传感器发生故障，会使用来自凸轮轴位置传感器的信号作为替代信号。下一次发动机起动会耗时更长，发动机转速会被限制在 3000r/min，转矩将减少。

曲轴位置/发动机转速传感器的拆卸与更换如表 5-2-4 所示。

表 5-2-4　曲轴位置/发动机转速传感器的拆卸与更换

步骤	详情	图示
1	举升车辆，拆卸发动机下部的隔声板	
2	脱开如图 5-2-10 所示的增压空气管螺旋卡箍，并拧出箭头处所示的紧固螺栓，将增压空气管和冷却液软管脱开，并压向一侧	图 5-2-10　脱开软管

(续)

步骤	详情	图示
3	拔下如图 5-2-11 所示箭头处的变速器冷却液阀插头，拧下螺母，并将变速器冷却液阀置于一旁（不要断开冷却液管）	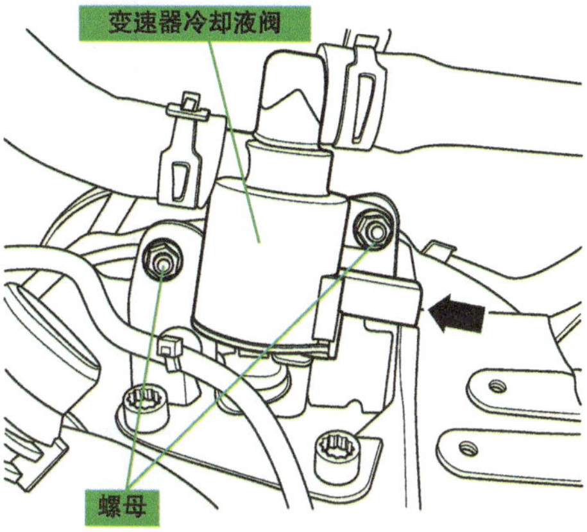 图 5-2-11 变速器冷却液阀
4	如图 5-2-12 所示，脱开曲轴位置/发动机转速传感器线束连接器，拧出箭头所示的紧固螺钉，小心地将传感器从缸体上拔出	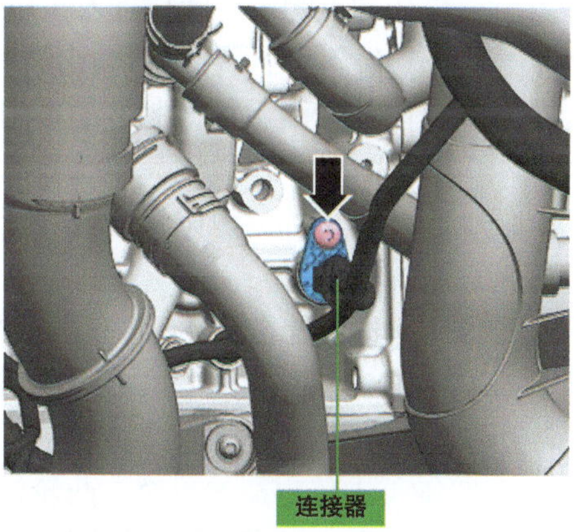 图 5-2-12 拆卸传感器

安装更换按照与拆卸相反的顺序进行

（2）凸轮轴位置传感器（霍尔式传感器）

1）凸轮轴位置传感器的检查。2016 款新捷达发动机采用霍尔式凸轮轴位置传感器，电路如图 5-2-13 所示。该传感器 G40 导线插接器有三个接线端子：1 为传感器电源正极端子；2 为传感器信号输出端子；3 为传感器电源负极端子。这三个端子分别与 ECU 的 96、105 和 98 端子相连。

① 传感器电源电压的检测。断开点火开关，拔下传感器导线插接器插头，用万用表的正、负表笔分别与插接器 1 与 3 端子相连接。接通点火开关时，电压应在 4.5V 以上，如果电压为 0，说明线束存在断路、短路或 ECU 有故障。当断开点火开关后，应继续检查导线是否存在断路或短路。

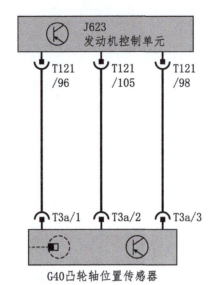

图 5-2-13　大众新捷达凸轮轴位置传感器电路

② 信号电压的检测。当叶片进入霍尔式传感器时，传感器输出的信号电压为 4.0V；当叶片离开霍尔式传感器时，传感器输出的信号电压为 0.1V。

③ 导线电阻的检测。用万用表的电阻档检查传感器的 1 端子与 ECU 的 96 端子、传感器的 2 端子与 ECU 的 105 端子、传感器的 3 端子与 ECU 的 98 端子的电阻值，各端子间电阻值应不大于 1.5Ω。如果电阻过大或为无穷大，说明线束接触不良或导线断路，应进行维修或更换线束。

再用万用表电阻档继续检查传感器插接器端子 1 与 2 和 3 之间的电阻，或检查 ECU 的 96 端子与 105 和 98 端子之间的电阻，测得的电阻均应为无穷大。如果电阻值不是无穷大，说明端子间存在短路，应进行更换。

2）凸轮轴位置传感器的更换。凸轮轴位置传感器是霍尔式传感器，安装在凸轮轴盖壳体上的飞轮侧（图 5-2-14）或正时链条盖板处（图 5-2-15），进气和排气凸轮轴的上方。该传感器扫描具有特殊的凸轮外形的传感器脉冲轮。

图 5-2-14　凸轮轴位置传感器（安装在飞轮侧凸轮轴盖壳体上）

它的信号用于确定两个凸轮轴的位置以及单个气缸在工作循环中的位置。

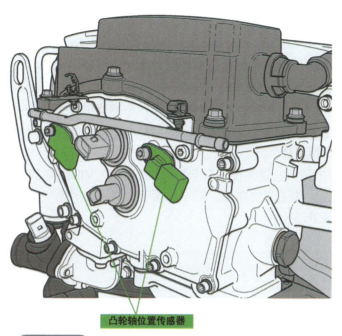

图 5-2-15　凸轮轴位置传感器（安装在正时链条盖板处）

凸轮轴位置传感器的信号以及发动机转速传感器的信号可用于识别 1 号气缸的压缩上止点，以及凸轮轴的位置。这些信号用于确定喷射时间、点火时间以及调节凸轮轴。

如果两个传感器中的一个发生故障，则来自其他传感器的相应信号将用作替代信号。如果两个传感器都发生故障，下一次发动机起动的持续时间将明显更长。在这两种情况下，发动机转速都会被限制在 3000r/min，而且凸轮轴调节将停止。

凸轮轴位置传感器的拆卸与更换如表 5-2-5 所示。

表 5-2-5　凸轮轴位置传感器的拆卸与更换

步骤	详情	图示
1	打开发动机舱盖，拆卸发动机罩	图 5-2-16　凸轮轴位置传感器拆卸
2	拆卸进气歧管	
3	在发动机飞轮侧凸轮轴盖上找到凸轮轴位置传感器，脱开如图 5-2-16 所示的电气连接器，拧出螺栓，拆下凸轮轴位置传感器。另一个凸轮轴位置传感器的拆卸方法与之相同	

安装注意事项：凸轮轴位置传感器拆卸后必须更换 O 形圈，安装时按照与拆卸时相反的顺序进行

（3）爆燃传感器

1）**爆燃传感器的检查**。爆燃传感器可通过检查电阻来判断其好坏。检查时，需拔下爆燃传感器导线插头，用万用表电阻档检测爆燃传感器接线端子与外壳间的电阻，应为无穷大；若电阻为零，则说明其内部短路，需更换爆燃传感器。

在发动机怠速工况时，则通过示波器检查爆燃传感器工作情况。先拆开传感器线束连接器，用示波器检查传感器端子与搭铁之间的信号电压，正常应有脉冲信号输出，否则说明传感器不良，应更换新件。

2）**爆燃传感器的拆装**。爆燃传感器安装在曲轴箱上，如图 5-2-17 所示。爆燃传感器用于识别气缸内的爆燃。为了避免爆燃，除了可调节全机点火时刻外，同时还伴有一个针对某气缸的点火时刻调节。

图 5-2-17　爆燃传感器的安装位置

发动机控制单元根据爆燃信号来调节发生爆燃的气缸的点火提前角，直至不再出现爆燃。

若爆燃传感器损坏或装配不良导致信号中断了，发动机管理系统就进入爆燃调节应急状态，这时点火提前角减小，发动机也就无法发挥出全部功率了。

若采用两个爆燃传感器的发动机某个爆燃传感器信号发生中断，相应气缸组的点火提前角就减小，也就是说向"延迟"方向调整了一个安全点火提前角。这可能导致燃油消耗升高。爆燃传感器正常的那个气缸组的爆燃调节仍能正常工作。

爆燃传感器的拆装如表 5-2-6 所示。

表 5-2-6 爆燃传感器的拆卸与安装步骤

步骤	详情	图示
拆卸步骤：		
1	打开发动机舱盖，拆卸发动机罩，断开蓄电池负极连接线	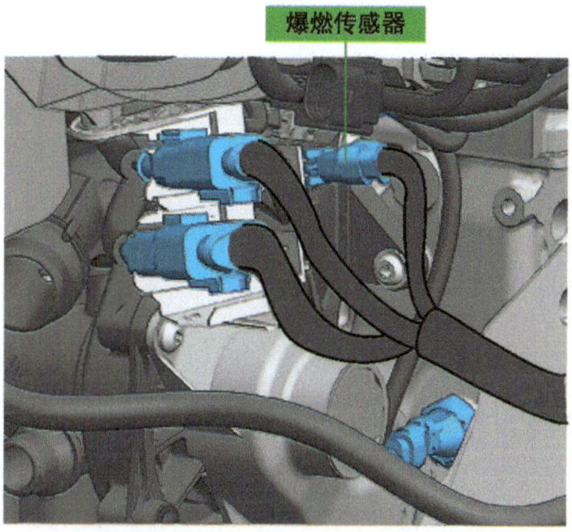
2	在冷却液泵后面的进气歧管下方找到如图 5-2-18 所示的爆燃传感器，并断开其电气连接插头	图 5-2-18 爆燃传感器电器连接插头
3	拆卸发动机温度调节伺服元件	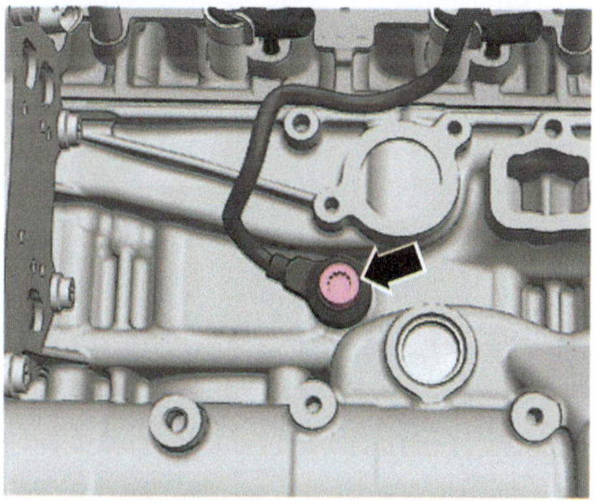
4	拧出爆燃传感器的固定螺栓，并取下如图 5-2-19 所示的箭头处的爆燃传感器	图 5-2-19 取下爆燃传感器

安装注意事项：安装时按照与拆卸时相反的顺序进行，爆燃传感器的安装位置如图 5-2-19 所示。

第 6 章 发动机、自动变速器控制系统

Chapter 6

6.1	发动机控制系统	112
6.2	自动变速器控制系统	138

6.1 发动机控制系统

6.1.1 发动机控制系统组成与基本原理

发动机控制系统主要由发动机控制模块（ECM）、ECM 工作电路、系统输入、输出部件组成。ECM 位于空调鼓风机右边，是发动机控制系统的控制中心。它不断监测来自各个传感器的信号，并控制影响车辆性能的各个系统。发动机控制模块还执行系统诊断功能，它可识别操作故障，并通过故障指示灯（MIL）提醒驾驶员，同时存储指示故障部位的故障码，以便于维修人员进行维修。

如果发动机控制模块（ECM）损坏，模块内部没有单一的零配件可以维修。ECM 必须作为一个整体进行更换。

发动机控制系统的组成及基本输入、输出部件如图 6-1-1 所示。

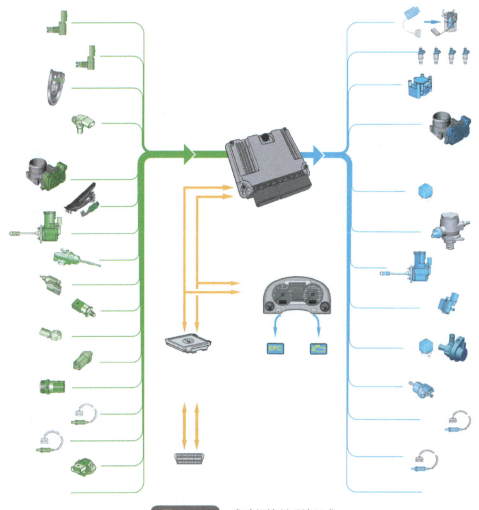

图 6-1-1　发动机控制系统组成

输入信息部件：曲轴位置传感器（CKP）、凸轮轴位置传感器（CMP）、进气歧管绝对压力传感器（MAP）、进气压力/温度传感器（IAT）、爆燃传感器（KS）、节气门位置传感器（TPS）、蒸发器表面温度传感器、冷却液温度传感器（ECT）、车速传感器（VSS）、前氧传感器、后氧传感器、空调压力开关、动力转向开关、除霜加热启用输入、CAN 信息输入、串行数据线输入等，发动机控制系统各传感器安装位置如图 6-1-2 所示。

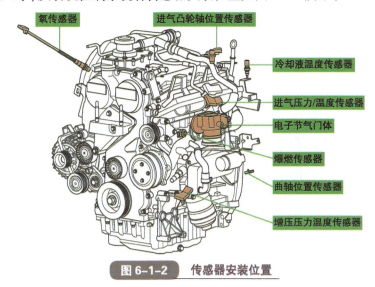

图 6-1-2　传感器安装位置

输出部件：怠速控制阀（IAC）、1-2-3-4 缸燃油喷射器、点火线圈、可变气门正时电磁阀（VVT）、活性炭罐电磁阀（EVAP）、主继电器、油泵继电器及油泵、冷却风扇低速继电器、冷却风扇高速继电器、空调压缩机继电器、CAN 信息输出、串行数据线输出等。

控制单元的的作用是根据发动机的进气量和转速信号，计算出基本喷油持续时间，实现接近理想空燃比的混合气供发动机工作，并控制其运转。例如，在冷车起动时，ECM 根据有关信号，通过增加喷油量和控制怠速控制阀等执行元件，使发动机顺利起动并控制怠速的转速。此外，ECM 还具有故障自诊断和保护功能，当发动机出现故障时，控制单元可自动诊断故障和保存故障码，并通过故障指示灯发出警告，所保存的故障码在一定的触发条件下还可以输出。一旦传感器或执行器失效时，ECM 自动启用其备用系统投入工作，以保证车辆的安全，维持车辆继续行驶的能力。控制单元还可以与维修诊断仪器进行通信，利用诊断仪器可以查看存储于控制单元内部的故障码，扫描当前控制单元运行的系统参数即数据流，还可以利用诊断仪器对控制系统的执行器进行强制驱动测试，这可以在对控制系统进行维修诊断时提供极大的便利。

6.1.2　发动机控制系统传感器基本原理、检测及更换

1. 节气门位置传感器

（1）基本原理

节气门位置传感器安装在节气门体上（如图 6-1-3 所示），与节气门轴相连。传感器内

部实际上是一个滑动变阻器,由 ECM 提供 5V 参考电源及搭铁。发动机控制模块通过监测此信号线路上的电压来计算节气门的位置。因为与节气门轴相连,所以它的输出信号随加速踏板的移动而变化。在节气门关闭时,传感器输出电压较低,约为 0.3~0.9V。随着节气门的开启输出电压增加,在节气门全开时,输出电压约 4.5V。传感器信号通过 ECM 线束连接器 EN01 的 26 号端子输入给 ECM,ECM 根据此信号对喷油量进行修正,只要传感器电路出现故障,就会产生故障码。

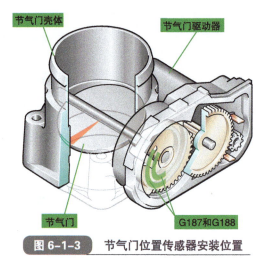

图 6-1-3　节气门位置传感器安装位置

节气门位置传感器工作原理如图 6-1-4 所示。

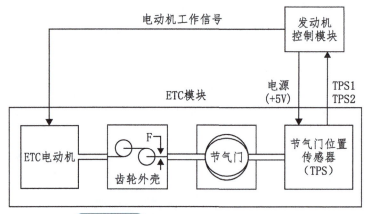

图 6-1-4　节气门位置传感器工作原理

（2）拆卸与安装

1）拆卸：

① 断开蓄电池负极电缆。

② 拆卸发动机装饰罩。

③ 断开电子节气门体线束连接器（图 6-1-5）。

④ 拆卸电子节气门体进气管卡箍紧固螺栓,取下进气管（图 6-1-6）。

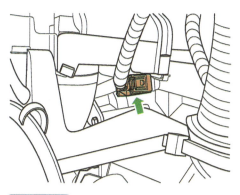

图6-1-5 断开电子节气门体线束连接器

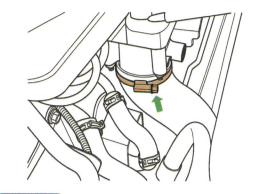

图6-1-6 拆卸电子节气门体进气管卡箍紧固螺栓

⑤拆卸电子节气门体支架固定螺栓，取下支架（图6-1-7）。
⑥拆卸电子节气门体的3个固定螺栓（图6-1-8）。

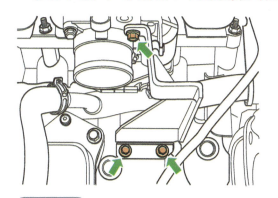

图6-1-7 拆卸电子节气门体支架固定螺栓

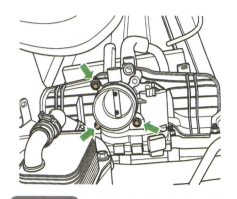

图6-1-8 拆卸电子节气门体固定螺栓

2）安装步骤按与拆卸步骤相反的顺序进行。

2. 进气歧管绝对压力、温度传感器

（1）基本原理

进气歧管绝对压力（MAP）传感器测量因发动机负荷和转速变化而导致的进气歧管压力变化。它将这些变化转换为电压输出。发动机减速滑行时节气门关闭将产生一个相对较低的进气歧管绝对压力输出。进气歧管绝对压力与真空度相反。当进气歧管压力高时，真空度就低。MAP传感器还用于测量大气压力。此测量是作为MAP传感器计算中的一部分来完成的。在点火开关接通且发动机未运行的情况下，发动机控制模块将进气歧管压力读作大气压，并相应调节空燃比。这种对海拔的补偿，使系统可在保持低排放的同时保持操纵性能。传感器信号通过ECM线束连接器输入给ECM，MAP传感器及其电路出现故障时，将会记录故障码。进气歧管绝对压力传感器安装位置如图6-1-9所示。

进气温度传感器（IATS）安装在进气歧管绝对压力（MAP）传感器内，用以检测进气温度。为了精确计算空气量，需要进行空气温度补偿，因为空气密度随温度而变化。进气

温度传感器是一个负温度系数的热敏电阻，发动机控制模块向 IAT 传感器提供 5V 电压，并测量电压变化以确定进气温度。发动机控制模块通过测量电压来获得进气温度，ECM 利用此信号对喷油脉宽及点火正时进行修正。

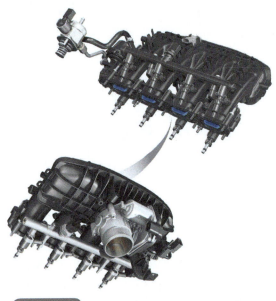

图 6-1-9　进气歧管绝对压力传感器安装位置

（2）拆卸与检测

1）拆卸：

①断开蓄电池负极电缆。

②拆卸发动机装饰罩。

③断开进气歧管绝对压力/进气温度传感器线束连接器（图 6-1-10）。

④拆卸进气歧管绝对压力/进气温度传感器固定螺栓（图 6-1-11）。

⑤取出进气歧管绝对压力/进气温度传感器。

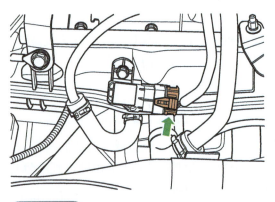

图 6-1-10　断开进气歧管绝对压力/进气温度传感器线束连接器

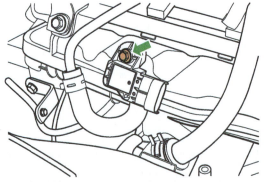

图 6-1-11　拆卸进气歧管绝对压力/进气温度传感器固定螺栓

2）检测：

① 用万用表测量进气歧管绝对压力/进气温度传感器端子 1、4，端子 3、4 间的电阻，如图 6-1-12 所示。

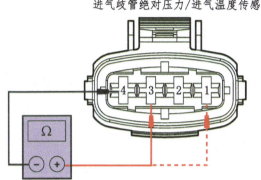

图 6-1-12　进气歧管绝对压力/进气温度传感器电阻检测

电阻标准值见表 6-1-1。

表 6-1-1　进气歧管绝对压力/进气温度传感器电阻标准值

端子	电阻	温度/℃
1-4	2.5kΩ ± 5%	20
3-4	2.5kΩ ± 5%	20

② 如果结果不符合规定，则更换传感器。

3. 冷却液温度传感器

（1）基本原理

发动机冷却液温度（ECT）传感器（图 6-1-13）是一只负温度系数的热敏电阻，即电阻值随温度而改变的电阻器。它安装在发动机冷却液液流中。冷却液温度较低时电阻值较高，在 –30℃时电阻值为 26000Ω；而温度较高时会导致电阻值较低，在 130℃时，电阻为 90Ω。发动机控制模块为传感器提供一个 5V 参考电压，冷车时电压升高，热车时电压降低。通过测量电压变化，发动机控制模块可以确定冷却液的温度。该传感器对于发动机控制系统而言，对点火正时及燃油喷射量的修正值至关重要，同时该信号还通过 CAN 网络传输给仪表（IP），用于显示当前发动机的工作温度。传感器信号通过线束连接器输入给 ECM。当传感器及电路出现故障后会记录故障码。

（2）拆卸与检测

1）拆卸：

图 6-1-13　冷却液温度传感器安装位置

> **注意**：温度过高时禁止打开膨胀水箱盖。释放冷却系统压力时，一定要缓缓打开膨胀水箱盖，防止冷却液喷出。

① 释放冷却系统压力。
② 断开蓄电池负极电缆。
③ 拆卸发动机装饰罩。
④ 断开冷却液温度传感器线束连接器（图 6-1-14）。
⑤ 拆卸发动机冷却液温度传感器（图 6-1-15）。

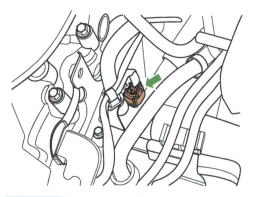

图 6-1-14　断开冷却液温度传感器线束连接器

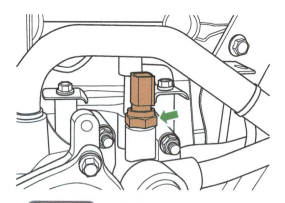

图 6-1-15　拆卸发动机冷却液温度传感器

2）检测：

① 用两根导线连接在冷却液温度传感器端子 1、3 上（图 6-1-16），把冷却液温度传感器放在热水里，根据表 6-1-2 测量冷却液温度传感器端子 1、3 间的电阻。

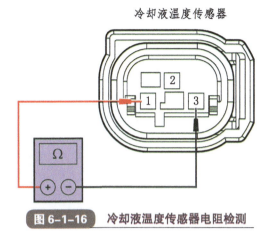

图 6-1-16 冷却液温度传感器电阻检测

电阻标准值见表 6-1-2。

表 6-1-2 冷却液温度传感器电阻标准值

端子	电阻 /kΩ	温度 /℃
1-3	10~20	-20
	4~7	0
	2~3	20
	0.9~1.3	40
	0.4~0.7	60
	0.2~0.4	80

② 如果结果不符合规定，则更换传感器。

4. 曲轴位置传感器

（1）基本原理

曲轴位置传感器（CKPS）检测曲轴位置，是发动机控制系统中最重要的传感器之一（图 6-1-17）。如果没有 CKPS 信号输入，发动机会由于 CKPS 信号缺失停止工作。

电磁感应式曲轴位置传感器一般安装在变速器前端壳体上，用螺栓固定，位于冷却液温度传感器的下部。传感器信号盘与曲轴飞轮是一个整体，传感器通过其支座伸出，与信号盘齿的间隙约在 1.2mm 以下。信号盘上面有 58 个机加工槽，其中的 57 个槽按 6° 等间隔分布。最后一个槽较宽，用于生成同步脉冲。当曲轴转动时，传感器信号盘上面的槽将改变传感器的磁场，产生一个感应电压脉冲。第 58 槽的脉冲较长，可识别曲轴的某个特定位置，使发动机控制模块（ECM）可随时确定曲轴的位置。发动机控制模块使用此信息生成点火正时和燃油喷射脉冲信号，然后控制点火线圈和燃油喷射器。如果发动机控制模块监测到传感器信号不良或不正确时，将记录故障码。

图 6-1-17　曲轴位置传感器

（2）拆卸与检测

1）拆卸：

① 断开蓄电池负极电缆。

② 断开曲轴位置传感器线束连接器（图 6-1-18）。

③ 拆卸曲轴位置传感器固定螺栓（图 6-1-19）。

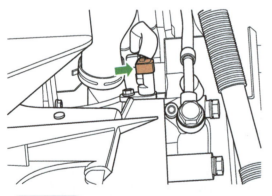

图 6-1-18　断开曲轴位置传感器线束连接器

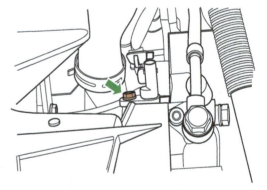

图 6-1-19　拆卸曲轴位置传感器固定螺栓

④ 取出曲轴位置传感器（图 6-1-20）。

2）检测：

① 用万用表测量曲轴位置传感器端子 1、2 间的电阻（图 6-1-21）。

电阻标准值见表 6-1-3。

② 如果结果不符合规定，则更换传感器。

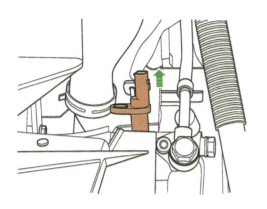
图6-1-20　取出曲轴位置传感器

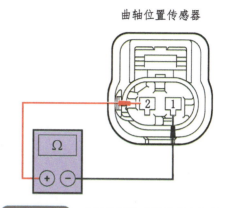
图6-1-21　曲轴位置传感器端子电阻检测

表6-1-3　曲轴位置传感器电阻标准值

端子	电阻/Ω	温度/℃
1-2	1020~1380	23

5.凸轮轴位置传感器

（1）基本原理

凸轮轴位置传感器（CMPS）为霍尔式传感器，使用霍尔元件检测凸轮轴位置（图6-1-22）。它与曲轴位置传感器（CKPS）结合，检测各气缸的活塞位置，这是CKPS所不能检测的。

CMPS安装在气缸盖罩上，发动机控制模块接收该信号用作同步脉冲，按适当顺序触发点火器和燃油喷射器。发动机控制模块利用凸轮轴位置传感器信号指示做功行程期间1缸活塞的位置。发动机控制模块由此可计算实际的燃油喷射顺序。如果在发动机运行时凸轮轴位置传感器信号丢失，燃油喷射系统将转换到根据最后一个燃油喷射脉冲计算的顺序燃油喷射模式，而发动机将继续运行。即使故障存在，发动机也可以重新起动。如果在发动机运转时控制模块检测到不正确的凸轮轴位置传感器信号时，将记录故障码。

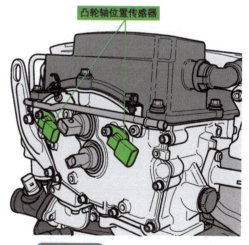
图6-1-22　凸轮轴位置传感器

（2）拆卸与检测

1）拆卸：

①断开蓄电池负极电缆。

② 拆卸发动机装饰罩。
③ 断开凸轮轴位置传感器线束连接器（图 6-1-23）。
④ 拆卸凸轮轴位置传感器固定螺栓（图 6-1-24）。

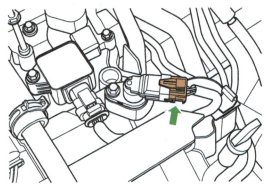

图 6-1-23　断开凸轮轴位置传感器线束连接器

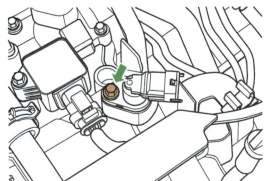

图 6-1-24　拆卸凸轮轴位置传感器固定螺栓

⑤ 拆卸凸轮轴位置传感器（图 6-1-25）。

2）检测：

① 用万用表测量凸轮轴位置传感器端子 1、4，端子 3、4 间的电阻（图 6-1-26）。

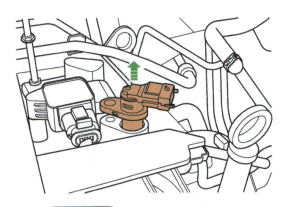

图 6-1-25　拆卸凸轮轴位置传感器

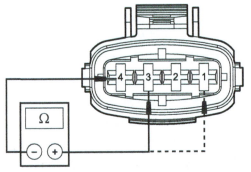

图 6-1-26　凸轮轴位置传感器电阻检测

电阻标准值见表 6-1-4。

表 6-1-4　凸轮轴位置传感器电阻标准值

端子	电阻	温度 /℃
1-4	2.5kΩ ± 5%	20
3-4	2.5kΩ ± 5%	20

② 如果结果不符合规定，则更换传感器。

6. 爆燃传感器

（1）基本原理

爆燃现象导致气缸内压力、温度异常升高，能损坏发动机。

爆燃传感器（KS）是一种测量振动加速度的传感器（图 6-1-27），它产生一个与发动机机械振动强度相对应的输出电压。该传感器安装在进气歧管下部。如果发动机产生爆燃，ECM 会接受到这个信号，滤去非爆燃信号并进行计算，通过凸轮轴与曲轴位置传感器信号判断发动机在工作循环中所处的位置，ECM 据此计算出哪个缸发生爆燃，将会推迟此缸的点火提前角直到爆燃现象消失。然后再次提前点火提前角，直到使点火提前角处于当时工况下的最佳位置。KS 传感器出现故障时 ECM 将会记录故障码。

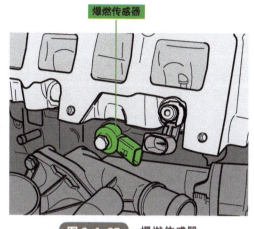

图 6-1-27 爆燃传感器

（2）拆卸与检测

1）拆卸：
① 断开蓄电池负极电缆。
② 拆卸发动机装饰罩
③ 断开爆燃传感器线束连接器（图 6-1-28）。
④ 拆卸爆燃传感器固定螺栓（图 6-1-29）。

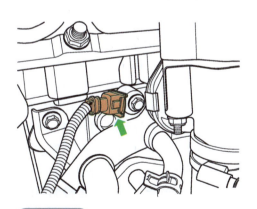

图 6-1-28 断开爆燃传感器线束连接器

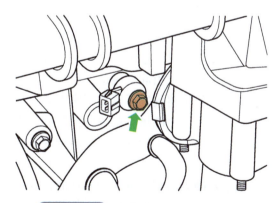

图 6-1-29 拆卸爆燃传感器固定螺栓

⑤ 取出爆燃传感器，传感器外形如图 6-1-30 所示。

2）检测：
① 用万用表测量爆燃传感器端子 1、2 间的电阻（图 6-1-31）。
电阻标准值见表 6-1-5。

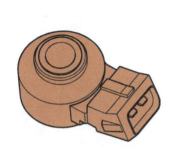

图 6-1-30　爆燃传感器外形

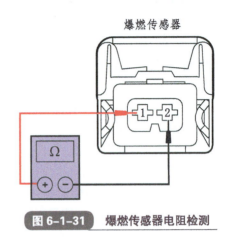

图 6-1-31　爆燃传感器电阻检测

表 6-1-5　爆燃传感器电阻标准值

端子	电阻 /MΩ	温度 /℃
1-2	4.9	20

② 如果结果不符合规定，则更换传感器。

6.1.3　发动机控制系统执行器基本原理、检测及更换

1. 喷油器（燃油喷射器）

（1）基本原理

燃油喷射器安装在气缸盖上，进气门前面。它根据 ECM 的指令，在规定的时间内喷射燃油，给发动机提供雾化后的燃油（图 6-1-32）。它另外还有一个作用是储存高压燃油，消除由于高压泵泵油引起的振动油压波，使油压保持稳定。喷油器为电磁控制型喷油器，壳体内的回位弹簧将阀针压紧在阀座上并封住出口。喷油时，电子控制器给出控制信号，电磁线圈通电，产生磁场克服回位弹簧的压力、针阀重力、摩擦力等将针阀升起，燃油在油压作用下喷出。由于针阀只有升起和落下两个状态，针阀升程不可调节，只要喷油器进出口的压力差恒定不变，喷油量就仅取决于针阀开启时间，即开启电脉冲的宽度。

当燃油喷射器堵塞或关闭不严时，发动机故障指示灯有可能点亮，但是检测到的故障码可能显示为：氧传感器失真、信号不合理、空燃比不正常等故障。此时，必须慎重判断故障元件。因为，燃油喷射器堵塞或滴漏时，此时喷油量不受发动机 ECM 喷油脉宽控制，所以氧传感器反馈给发动机 ECM 的混合气浓度信号就与理论的 ECM 控制目标有很大差异，发动机电控系统监测到此信号后就会判定氧传感器工作不正常，但是系统无法判断是氧传感器本身故障，还是其他部件损坏后的连带故障，因此在维修此类故障时一定要注意判断清楚故障元件。

第6章 发动机、自动变速器控制系统

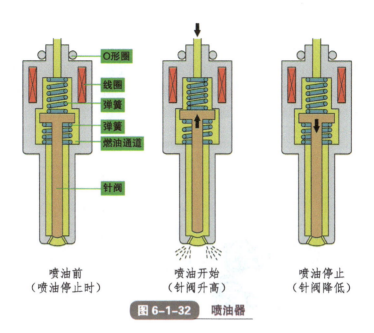

19- 发动机喷油器的拆装

图 6-1-32　喷油器

（2）拆卸与检测

① 拆卸油轨/喷油器分总成固定螺栓（图 6-1-33）。

② 取出发动机装饰罩固定支架 1 和装饰罩固定支架 2（图 6-1-34）。

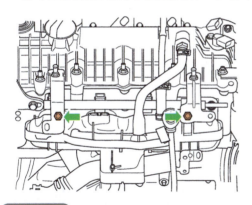

图 6-1-33　拆卸油轨/喷油器分总成固定螺栓　　图 6-1-34　取出发动机装饰罩固定支架 1 和 2

③ 取下油轨/喷油器分总成（图 6-1-35）。

2. CVVT 机油控制阀

（1）基本原理

连续可变气门正时（CVVT）系统根据由发动机转速和负荷计算产生的 ECM 控制信号，提前或延迟进气门和排气门的气门正时。

通过控制 CVVT 改变配气相位，可以实现较好的

图 6-1-35　取下油轨/喷油器分总成

燃油经济性，减少排放，通过降低泵气损失提高发动机性能，获得内部废气再循环（EGR）效果，提高燃烧稳定性，增强容积效率，增大膨胀功。

CVVT电磁阀（图6-1-36）位于进气歧管边上，靠近发动机前端。CVVT磁阀为4位4通电磁阀，工作电源由受ECM控制的主继电器提供，ECM以脉宽调制信号控制CVVT电磁阀搭铁。ECM对CVVT电磁阀的控制是通过ECM线束连接器实现的。

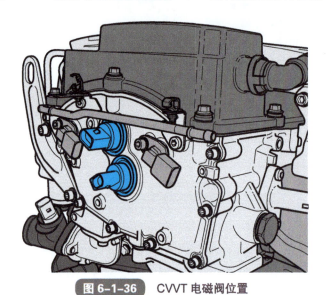

图 6-1-36　CVVT 电磁阀位置

（2）拆卸与检测

1）拆卸：

① 断开蓄电池负极电缆。

② 拆卸发动机装饰罩。

③ 断开进气CVVT电磁阀线束连接器（图6-1-37）。

④ 拆卸进气CVVT电磁阀固定螺栓（图6-1-38）。

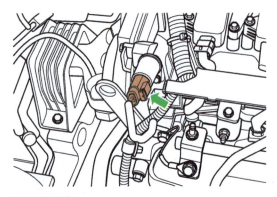

图 6-1-37　断开进气CVVT电磁阀线束连接器

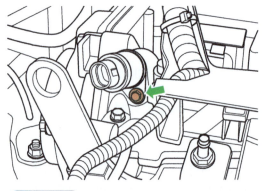

图 6-1-38　拆卸进气CVVT电磁阀固定螺栓

⑤ 取出进气CVVT电磁阀（图6-1-39）。

2）检测：

① 检测进气 CVVT 电磁阀电阻

a. 测量进气 CVVT 电磁阀端子 1、2 间电阻（图 6-1-40）。

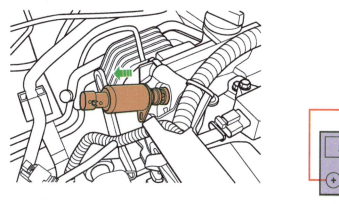

图 6-1-39 取出进气 CVVT 电磁阀

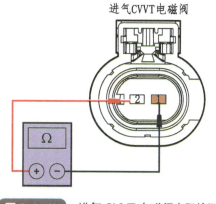

图 6-1-40 进气 CVVT 电磁阀电阻检测

b. 电阻标准值见表 6-1-6。

表 6-1-6 进气 CVVT 电磁阀电阻标准值

端子	电阻 /Ω	温度 /℃
1-2	7.5~8.5	20

c. 如果结果不符合规定，则更换电磁阀。

② 检测进气 CVVT 电磁阀动作是否正常（图 6-1-41）。

a. 用两根导线连接到进气 CVVT 电磁阀连接端子上。

b. 分别把进气 CVVT 电磁阀的 2 个端子连接到蓄电池正负极，检查进气 CVVT 电磁阀运行情况，若进气 CVVT 电磁阀动作不正常，清洗进气 CVVT 电磁阀；再次连接蓄电池，检查进气 CVVT 电磁阀动作是否顺畅，是否存在卡滞等故障。

c. 若进气 CVVT 电磁阀动作不正常，应进行更换。

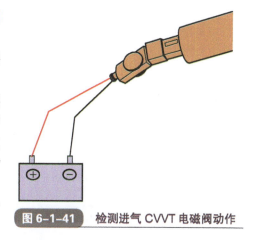

图 6-1-41 检测进气 CVVT 电磁阀动作

6.1.4 发动机控制系统常见故障诊断与排除

1.冷车发动机起动困难

冷车发动机起动困难故障的主要故障部位包括：燃油泵、发动机冷却液温度传感器、喷油器、点火线圈、节气门体、发动机机械部分等。冷车起动困难故障的一般排除流程如图 6-1-42 所示。

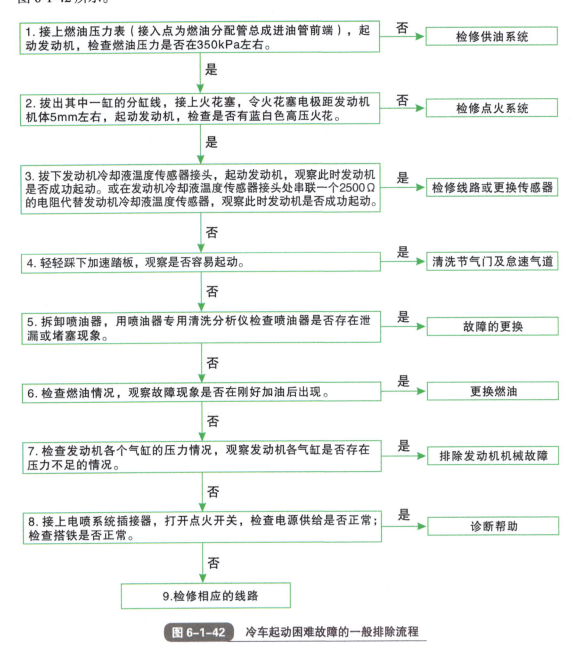

图 6-1-42　冷车起动困难故障的一般排除流程

2. 发动机转速正常但任何时候均起动困难

发动机转速正常但任何时候均起动困难故障的主要故障部位包括：燃油泵、发动机冷却液温度传感器、喷油器、点火线圈、电子节气门体、进气道、火花塞、发动机机械部分等。发动机转速正常但任何时候均起动困难故障的一般排除流程如图 6-1-43 所示。

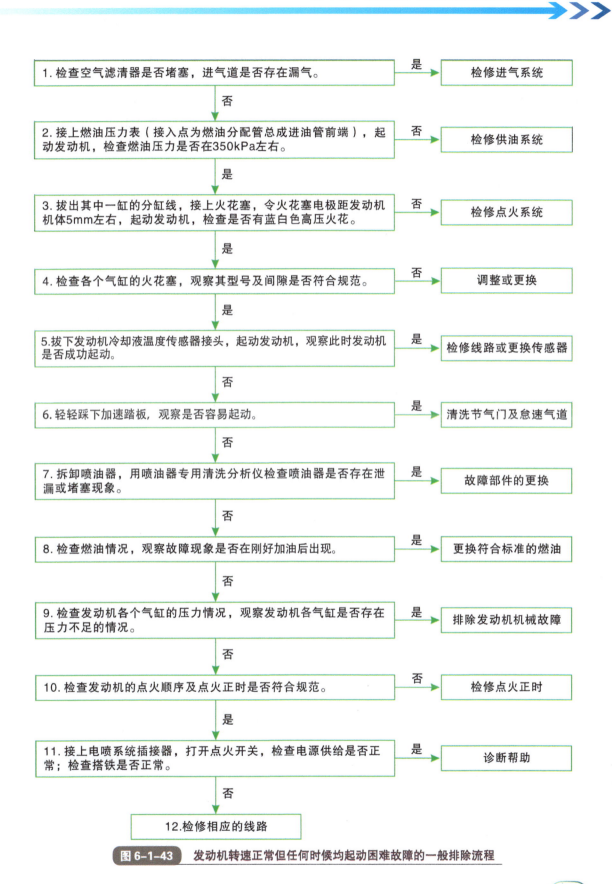

图6-1-43　发动机转速正常但任何时候均起动困难故障的一般排除流程

3. 起动正常但任何时候都怠速不稳

起动正常但任何时候都怠速不稳的主要故障部位包括：喷油器、火花塞、节气门体及怠速旁通气道、进气道、电子节气门体、发动机机械部分等。起动正常但任何时候都怠速不稳故障的一般排除流程如图 6-1-44 所示。

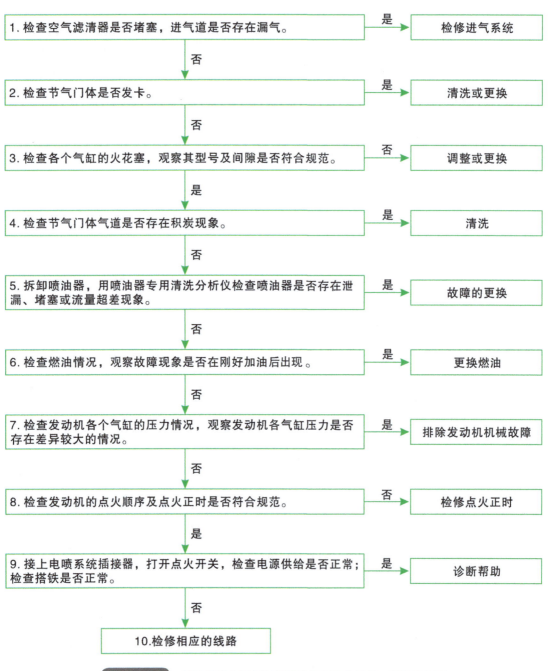

图 6-1-44　起动正常但任何时候都怠速不稳故障的一般排除流程

4. 起动正常但暖机过程中怠速不稳

起动正常但暖机过程中怠速不稳的主要故障部位包括：发动机冷却液温度传感器、火花塞、节气门体积炭、进气道、发动机机械部分。该故障的一般排除流程如图 6-1-45 所示。

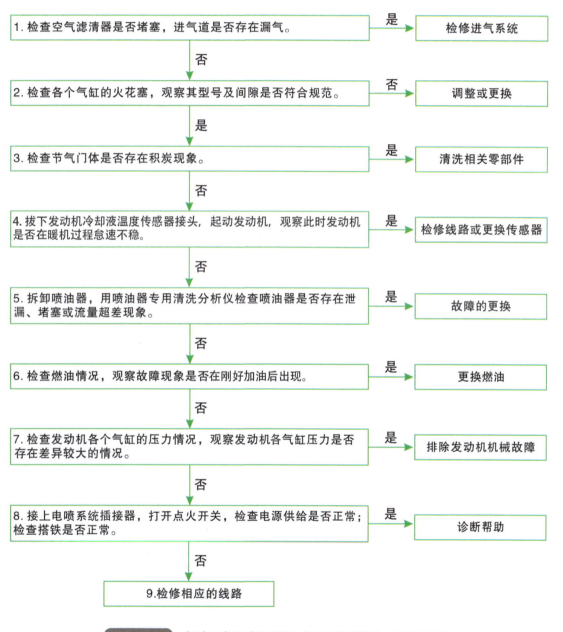

图 6-1-45　起动正常但暖机过程中怠速不稳故障的一般排除流程

5. 起动正常但暖机后怠速不稳

该故障的主要故障部位包括：发动机冷却液温度传感器、火花塞、电子节气门体、进气道、发动机机械部分等。该故障的一般排除流程如图 6-1-46 所示。

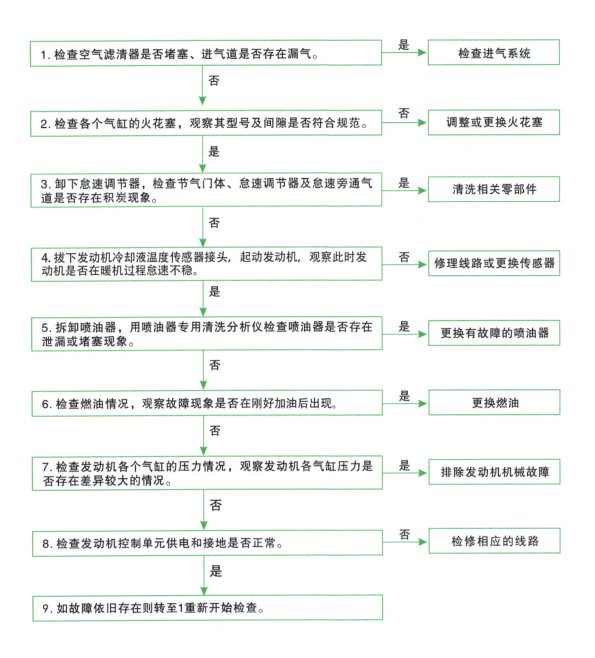

图 6-1-46　起动正常但暖机后怠速不稳故障的一般排除流程

6. 起动正常但部分负荷（如开空调）时怠速过高

起动正常但部分负荷时怠速过高的主要故障部位包括：空调系统、喷油器等。该故障排除的一般流程如图 6-1-47 所示。

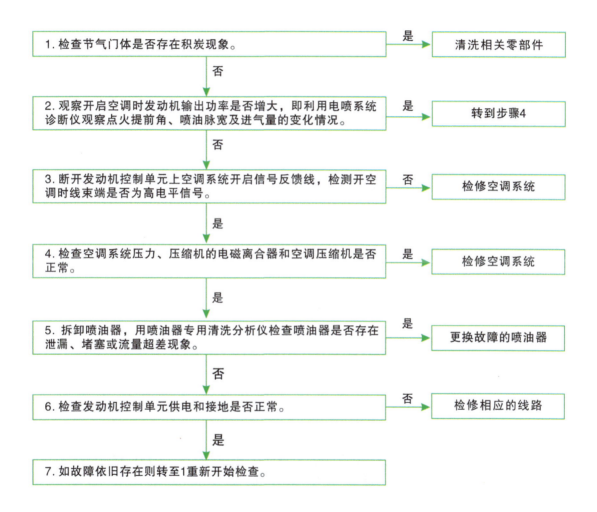

图 6-1-47　起动正常但部分负荷（如开空调）时怠速过高故障的一般排除流程

7. 起动正常但怠速过高

起动正常但怠速过高故障排除的主要故障部位包括：节气门体及怠速旁通气道、真空管、冷却液温度传感器等。该故障的一般排除流程如图 6-1-48 所示。

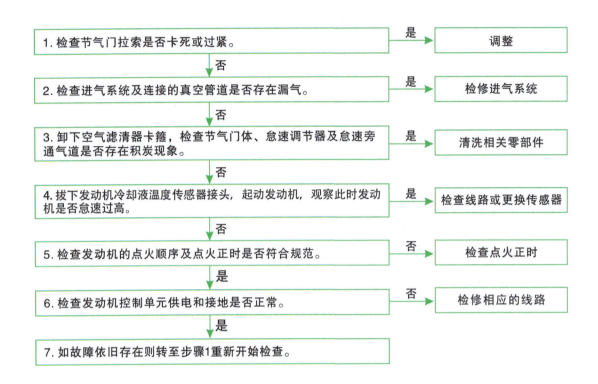

图 6-1-48　起动正常但怠速过高故障的一般排除流程

8. 加速时转速上不去

加速时转速上不去的主要故障部位包括：进气压力传感器及节气门位置传感器、火花塞、节气门体及怠速旁通气道、进气道、喷油器、排气管等。该故障的一般排除流程如图 6-1-49 所示。

9. 加速时反应慢

加速时反应慢的主要故障部位包括：进气压力传感器及节气门位置传感器、火花塞、节气门体及怠速旁通气道、进气道、喷油器、排气管等。该故障的一般排除流程如图 6-1-50 所示。

10. 加速无力且加速性能差

加速无力且加速性能差的主要故障部位包括：进气压力传感器、火花塞、点火线圈、节气门体、进气道、喷油器、排气管等。该故障的一般排除流程如图 6-1-51 所示。

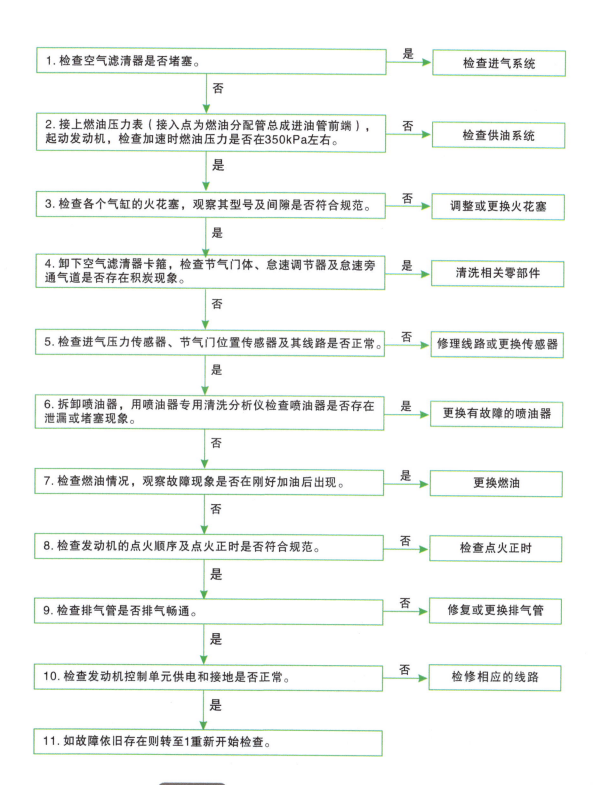

图6-1-49　加速时转速上不去故障的一般排除流程

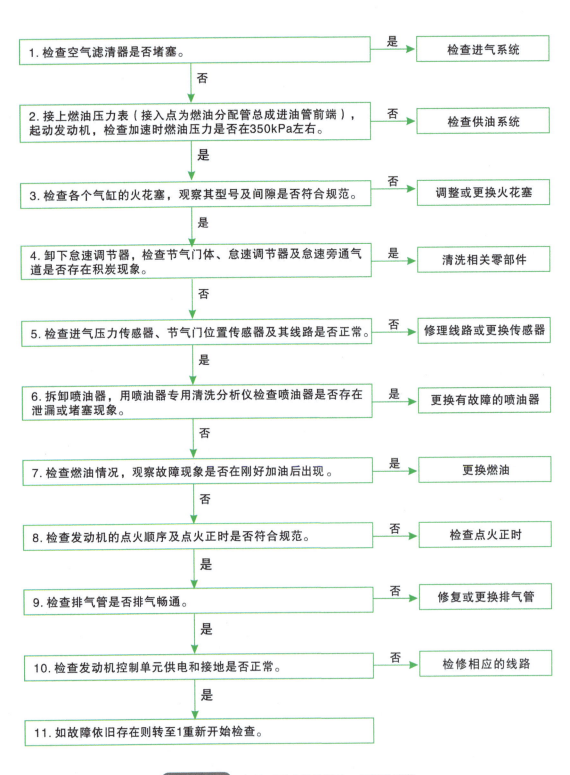

图 6-1-50 加速时反应慢故障的一般排除流程

第6章 发动机、自动变速器控制系统

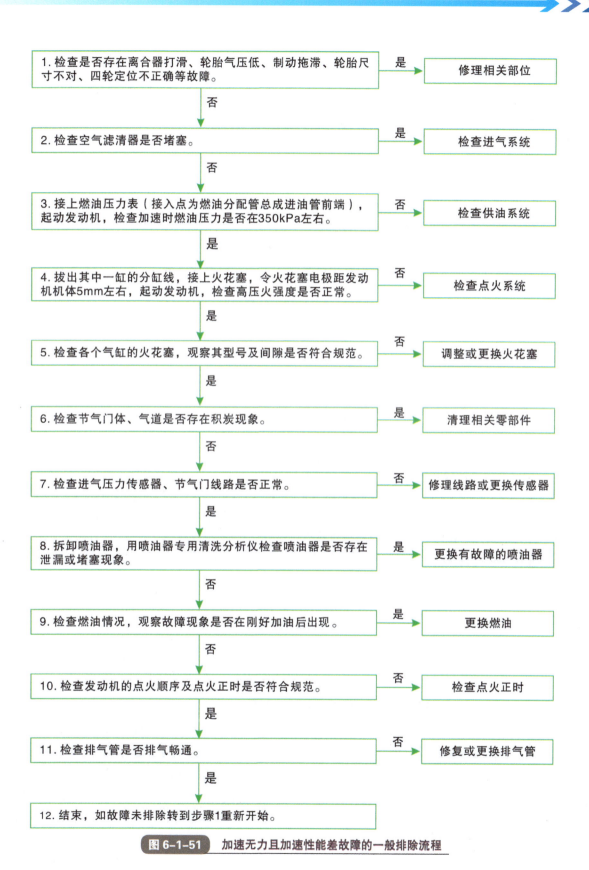

图 6-1-51　加速无力且加速性能差故障的一般排除流程

6.2 自动变速器控制系统

6.2.1 自动变速器控制系统组成与基本原理

1. 自动变速器控制系统组成

电子控制自动变速器采用电液式控制系统。电液式控制系统是利用电子自动控制的原理来完成换档等各种控制任务的。传感器将汽车及发动机的各种运动参数转变为电信号，电脑根据这些电信号，按照设定的控制程序发出控制信号，通过各种电磁阀（换档电磁阀、油压电磁阀等）来操纵阀体总成中各个控制阀的工作，以完成各种控制任务。系统控制原理如图 6-2-1 所示。

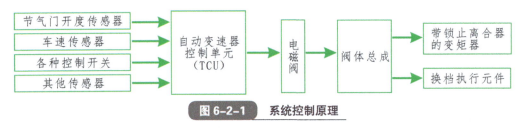

图 6-2-1　系统控制原理

2. 自动变速器控制系统基本原理

自动变速器的控制单元除用于控制变速器本身的工作外，还通常与其他系统的控制单元相连，如发动机控制单元（ECU）、巡航控制单元、ABS 控制单元等。从这些电脑中获得与自动变速器有关的信号，或将自动变速器的工作情况通过电信号传给其他系统的控制单元，使其他系统的工作与自动变速器相配合。自动变速器控制系统的组成结构如图 6-2-2 所示。自动变速器控制系统一般带有自诊断功能，并且具有在发生故障时使车辆继续行驶的失效防护功能。

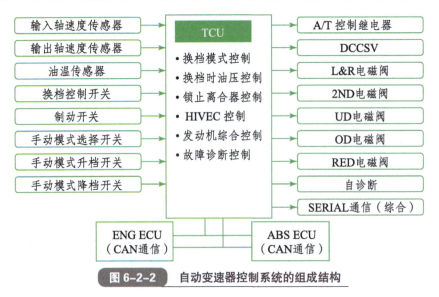

图 6-2-2　自动变速器控制系统的组成结构

6.2.2 自动变速器控制系统传感器/开关基本原理、检测及更换

1. 车速传感器

（1）车速传感器基本原理

车速传感器用于检测变速器输出轴的转速，也称输出轴转速传感器，常用的有电磁感应式车速传感器和霍尔式车速传感器。它一般安装在变速器输出轴附近，为了获取感应信号，需靠近装在输出轴上的驻车锁止齿轮或专用的感应转子，如图 6-2-3 所示。

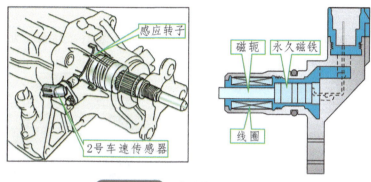

图 6-2-3　车速传感器基本原理

电磁感应式车速传感器主要由永久磁铁和电磁感应线圈两部分组成，其工作原理如图 6-2-4 所示。当输出轴转动时，驻车锁止齿轮或感应转子的凸齿不断地靠近和离开车速传感器，使感应线圈内的磁通量发生变化，从而产生交流感应电压。车速越高，输出转速就越高，感应电压的脉冲频率也就越高。电脑则按照单位时间内感应出的电压脉冲数，计算输出轴转速，然后换算成车速。

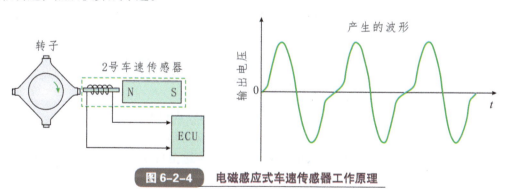

图 6-2-4　电磁感应式车速传感器工作原理

（2）电磁感应式车速传感器的检测

1）电阻检测。拔下车速传感器插接器接头，用万用表测量传感器两接线端子间电阻。不同车型车速传感器感应线圈的电阻值不同，一般为几百欧到几千欧。例如，丰田凯美瑞车系 U241E 自动变速器车速传感器电阻值在 20℃时为 560~680Ω。

2）输出信号检测。电磁感应式车速传感器由于是自发电式的传感器，因此可以对传感器直接采用模拟法进行检测。将车支起，用手转动车轮，同时用万用表测量车速传感器的两接线端子间有无感应电压。输出电压应随车速的变化而变化。若万用表指针有摆动，说明传感器有输出脉冲电压，传感器工作正常；否则，说明传感器有故障，应进一步检查传感器转子及感应线圈是否脏污。若脏污，应进行清洁，再进行测试。若传感器仍无脉冲电压产生，可以确认传感器已经损坏，应进行更换。

（3）车速传感器的更换

车速传感器的更换步骤如表 6-2-1 所示。

表 6-2-1　车速传感器的更换

1	在下列部位放置防护垫和套：前翼子板、前保险杠；驾驶员座椅；地毯（驾驶员侧）；方向盘；驻车制动杆；变速杆
2	如图 6-2-5 所示，断开蓄电池负极电缆，脱开车速传感器插接器①
3	拆卸车速传感器固定螺栓，从变速驱动桥上取下车速传感器  图 6-2-5　车速传感器插接器

安装注意事项：用自动变速器油润滑 O 形圈；先将新 O 形圈安装到车速传感器上，然后把车速传感器和固定螺栓安装到变速驱动桥壳体上，再将车速传感器固定螺栓拧紧，拧紧力矩：5.4 N·m。连接车速传感器插接器；连接蓄电池负极电缆

2. 输入轴转速传感器

输入轴转速传感器与车速传感器类似，也分电磁感应式和霍尔式传感器，如图 6-2-6 所示。它安装在行星齿轮机构输入轴（液力变矩器涡轮输出轴）附近，或与输出轴连接的离合器鼓附近的壳体上，用于检测输入轴转速，并将信号送至自动变速器控制模块（TCM），以更精确地控制换档过程。它还作为变矩器涡轮的转速信号，与发动机转速即变矩器泵轮转速信号进行比较，计算出变矩器的传动比，以优化锁止离合器的控制过程，减小换档冲击，改善汽车的行驶平顺性。

3. 节气门位置传感器

节气门位置传感器安装在发动机节气门体上，与节气门联动，其作用是测量发动机节气门的开度，使 ECU 适时获得发动机负荷信号，以此作为换档的主要依据。通常情况下，

节气门位置传感器信号先供给发动机 ECU，发动机 ECU 再通过信号线或 CAN 总线传递给自动变速器 ECU，一些车辆将两个 ECU 整合为一体。电控液压式自动变速器的电子控制系统常用线性节气门位置传感器，它反映节气门开度位置及变化速率信号，以决定车辆在不同行驶条件下的换档控制。

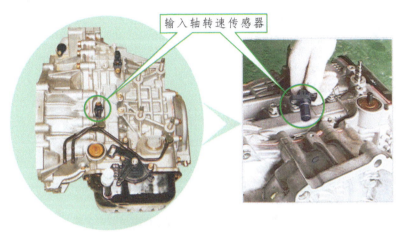

图 6-2-6　输入轴转速传感器

4. 变速器油温传感器

变速器油温传感器安装在自动变速器油底壳内的阀板上，用于检测自动变速器油的温度。变速器油温传感器信号主要用于自动变速器的锁止控制。当自动变速器油温低于一定限值时，变速器 ECU 将不再使变矩器锁止离合器锁止。当自动变速器油温高于一定限值时，变速器 ECU 将强行使变矩器锁止离合器锁止，防止油温进一步上升。这样的目的是尽快使油温达到正常工作温度。例如，当变速器油温低于 65℃ 时，不能升入 4 档，变矩器锁止离合器不锁止。

变速器油温传感器如图 6-2-7 所示。它是一个热敏电阻元件，具有负的温度电阻系数，即温度越高电阻值越低。ECU 根据电阻值的变化就可计算出自动变速器油的温度。

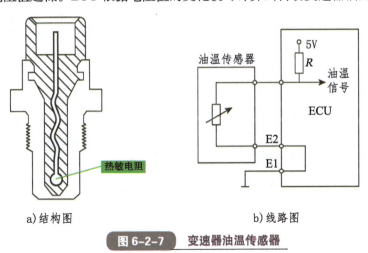

a) 结构图　　　　b) 线路图

图 6-2-7　变速器油温传感器

5. 发动机转速传感器

发动机转速测量常用电磁感应式转速传感器，除测量转速外，它还可以测量发动机曲轴转角位置，所以又称曲轴位置传感器，如图 6-2-8 所示。

发动机转速传感器

图 6-2-8　发动机转速传感器（曲轴位置传感器）

电磁感应式转速传感器跟脉冲盘相配合，用于无分电器点火系统中提供发动机转速信息和曲轴上止点信息。电磁感应式转速传感器由一个永久磁铁和磁铁外面的线圈组成。脉冲盘是一个齿盘，原本有 60 个齿，但是有两个齿空缺。脉冲盘装在曲轴上，随曲轴旋转。当齿尖紧挨着感应式转速传感器的端部经过时，铁磁材料制成的脉冲盘切割感应式转速传感器中的永久磁铁的磁力线，在线圈中产生感应电压，作为转速信号输出。

6. 档位开关

档位开关又叫空档起动开关、多功能开关，不仅具有控制起动继电器线圈电路的功能，还可将变速杆位置的信号传送给自动变速器的控制单元，控制单元根据驾驶员意向进行换档。档位开关及档位开关电路分别如图 6-2-9 和图 6-2-10 所示。

图 6-2-9　档位开关

7. 制动灯开关

制动开关安装在制动踏板支架上，当踩下制动踏板时开关接通，开关通知自动变速器控制单元已经使用制动，应立即解除锁止信号，松开变矩器锁止离合器，同时点亮制动灯。此功能还可以防止当后轮制动被抱死时，发动机突然失火。

如图 6-2-11 所示，当踩下制动踏板时，开关接通，STP 端子电压为 12V；当松开制动踏板时，开关断开，STP 端子电压为 0V，ECU 根据 STP 端子的电压变化了解制动器的工作情况。

第 6 章　发动机、自动变速器控制系统

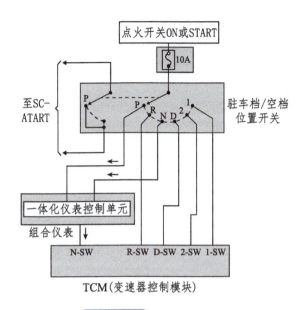

图 6-2-10　档位开关电路

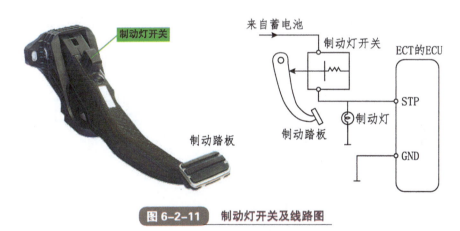

图 6-2-11　制动灯开关及线路图

6.2.3　自动变速器控制系统电磁阀基本原理、检测及更换

自动变速器的执行机构由各类电磁阀组成，其作用是根据 ECU 的指令接通或切断液压回路，以获得不同的行车档位。按照电磁阀结构形式的不同可分为开关式电磁阀和脉冲式电磁阀。

1. 开关式电磁阀

开关式电磁阀的作用是开启或关闭液压油路，通常用于控制换档阀及变矩器锁止控制阀的工作。一般安装在液压阀体上，如图 6-2-12 所示。

开关式电磁阀有两种工作方式，其工作原理如图 6-2-13 所示。

图 6-2-12　开关式电磁阀的安装位置

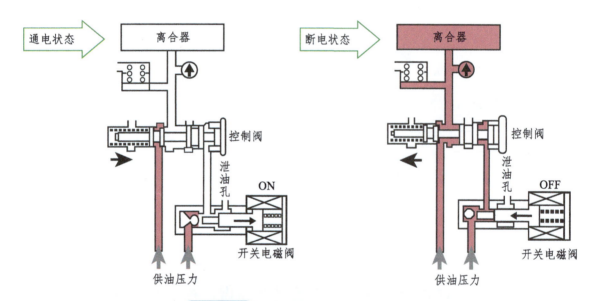

图 6-2-13　开关式电磁阀的两种工作方式

（1）开关电磁阀 ON

当电磁线圈通电时，电磁力克服弹簧力吸引衔铁上移，打开泄油孔，同时球阀在供油侧油压的作用下关闭进油孔，控制油道内的压力油从泄油孔排出。

（2）开关电磁阀 OFF

当电磁线圈断电时，电磁力消失，弹簧力推动衔铁下移，关闭泄油孔，同时推动球阀打开进油孔，供油侧压力进入控制油道。

2. 开关式电磁阀检查

开关式换档电磁阀、锁止电磁阀可能的故障有电磁阀线圈短路、断路，电磁阀阀芯卡滞或漏气等。开关式电磁阀的检查方法如图 6-2-14 所示。

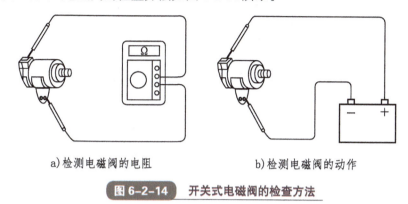

a) 检测电磁阀的电阻　　　　b) 检测电磁阀的动作

图 6-2-14　开关式电磁阀的检查方法

（1）检测电磁阀电阻

拔开电磁阀线束插接器后，用万用表测量电磁阀插脚之间的电阻，自动变速器开关式电磁阀的线圈电阻一般为 10~30Ω，如果测量到的电阻值过大或过小，说明电磁阀线圈存在断路或短路，需更换电磁阀。

（2）检查电磁阀的动作

如果电磁阀电阻正常，给电磁阀线圈施加 12V 电压，听是否有电磁阀动作的"咔嗒"声。如果无声，说明电磁阀阀芯有卡滞，应更换电磁阀。

（3）检查电磁阀的开闭情况

拆下电磁阀，用压缩空气吹入电磁阀进油口，在电磁阀线圈通电和不通电两种情况下，检验其开闭状况是否良好。如果电磁阀不通电时不通气，则通电时就应通气。否则，说明电磁阀已损坏，需更换。

3. 脉冲式电磁阀

脉冲式电磁阀的结构如图 6-2-15 所示，与开关式电磁阀基本相似，也是由电磁线圈、衔铁、阀芯等组成。它的作用是控制油路中油压的大小。脉冲式电磁阀一般安装在主油路或蓄压器背压油路中，通过电脑控制，在自动变速器自动升档及降档瞬间、或者在锁止离合器接合及分离动作开始时使油压下降，减少换档操作中接合与分离的冲击，使车辆行驶更平稳。

控制脉冲式电磁阀工作的电信号不是恒定不变的电压信号，而是一个频率固定的脉冲电信号。电磁阀在脉冲电信号的作用下不断反复地开启和关闭泄油孔。自动变速器控制单元通过改变脉冲的宽度，即占空比来改变电磁阀开启和关闭的时间比例，以达到控制油路压力的目的。油压与占空比的关系如图 6-2-16 所示，占空比越大，经电磁阀泄出的自动变速器油就越多，油路压力越低；反之，占空比越小，油路压力就越高。

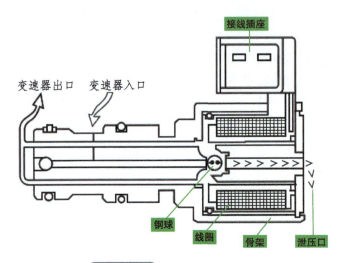

图 6-2-15　脉冲式电磁阀结构

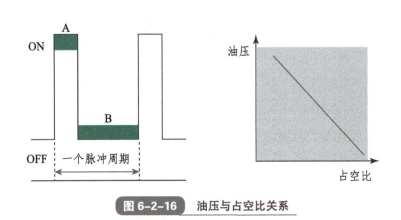

图 6-2-16　油压与占空比关系

4. 脉冲式电磁阀的检查

脉冲式电磁阀的检查方法如图 6-2-17 所示。

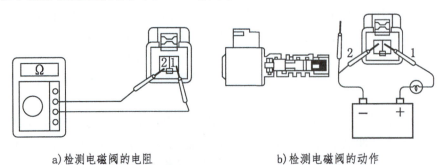

a) 检测电磁阀的电阻　　　　　b) 检测电磁阀的动作

图 6-2-17　脉冲式电磁阀的检查

（1）检测电磁阀的电阻

断开电磁阀线束插接器后，用万用表测量电磁阀针脚与搭铁之间的电阻，脉冲式电磁阀的线圈电阻一般为 3~5Ω，如果测量的电阻值过大或过小，说明电磁阀线圈存在断路或短路，需更换电磁阀。

（2）电压检查电磁阀的动作

由于脉冲式电磁阀电阻值较小，进行电压检测时不可以直接与蓄电池相连，否则会烧毁电磁阀电磁线圈。检测时通常将蓄电池串联一个低阻值的电阻，然后再与电磁阀线圈连接，在通电时电磁阀应发出动作声，同时电磁阀阀芯向外移动。断电后电磁阀阀芯向内退回。如异常，说明电磁阀损坏，需更换。

第 7 章 汽车制动控制系统

Chapter 7

- 7.1 汽车行车制动控制系统组成及相互关系　　150
- 7.2 汽车制动控制系统传感器基本原理、检测和更换　　154
- 7.3 电子驻车制动及自动驻车系统　　161
- 7.4 汽车制动控制系统常见故障诊断与排除　　163

7.1 汽车行车制动控制系统组成及相互关系

关于汽车行车制动控制系统，本章主要介绍防抱死制动系统（Antilock Braking System，ABS）、驱动防滑系统（Acceleration Slip Regulation，ASR）和电子稳定程序系统（Electronic Stability Programme，ESP）。

7.1.1 防抱死制动系统（ABS）

1. ABS 组成

ABS 主要由传感器、电子控制单元（与 ABS 液压调节器集成在一起）和执行器三部分组成，如图 7-1-1 所示。它的作用是在汽车制动时，防止车轮抱死而在路面上拖滑，以提高汽车制动过程中的方向稳定性、转向控制能力和缩短制动距离，使汽车制动更为安全有效。

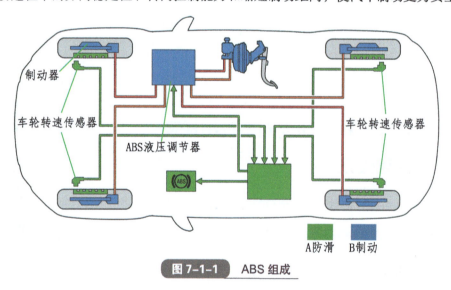

图 7-1-1　ABS 组成

2. ABS 工作原理

防抱死制动系统工作过程可分为常规制动（图 7-1-2）、制动压力保持（图 7-1-3）、制动压力下降（图 7-1-4）、制动压力增加（图 7-1-5）四个阶段。

常规制动：在正常状态下，当制动踏板被踩下，制动液压力从制动主缸被传递到液压调节器总成。在调节器总成内部，有两个车轮制动钳的调节阀（电磁阀）。一个是输入调节阀，另一个是输出调节阀。压力从制动主缸出来然后通过正常打开的输入调节阀进入每个制动器。在制动器回油路上的输出调节阀被关闭，因此没有制动液返回制动主缸。

制动压力保持：当电子制动控制模块通过车轮传感器信号感知一个车轮临近抱死时，循环的第一个阶段是保持压力。这意味着，在进一步施加制动时，没有来自制动主缸的额外压力施加到该车轮，计算机简单地关闭了到该车轮的油压通路。为了切断来自驾驶员的更多压力，电子制动控制模块激发输入调节阀关闭，输出调节阀仍然关闭，那么制动器中将保持恒定的压力。

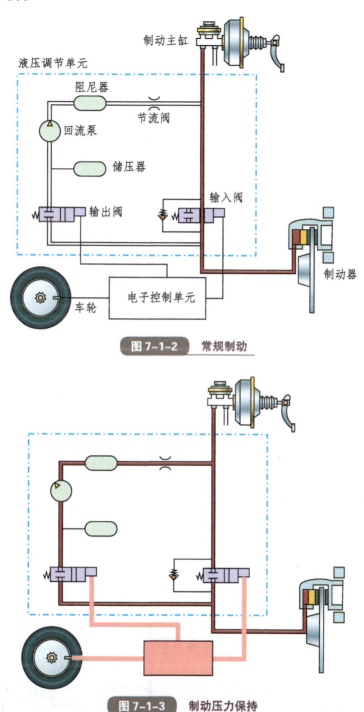

图 7-1-2　常规制动

图 7-1-3　制动压力保持

制动压力下降：如果电子制动控制模块仍然检测到右前轮将要抱死，它将发信号给输出调节阀，使输出调节阀从关闭状态变为打开状态。结果，制动钳中的压力开始被解除，制动液被送回制动主缸。

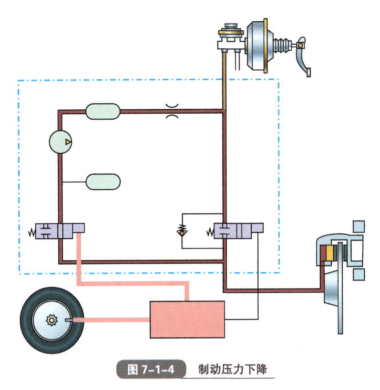

图 7-1-4　制动压力下降

制动压力增加：如果电子制动控制模块检测到抱死状态已被解除，则压力将需要再次增加，那么输出调节阀被解除激发而关闭，输入调节阀被激发而打开。此时调节阀模式和正常状态的模式相同。

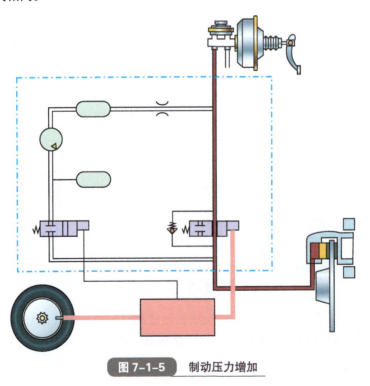

图 7-1-5　制动压力增加

7.1.2 牵引力控制系统（ASR）

ASR 又称牵引力控制系统，是 ABS 功能的补充和完善。ASR 可独立设立，但大多数与 ABS 组合在一起，常用 ABS/ASR 表示，统称为防滑控制系统。ASR 不仅能在制动过程中防止车轮抱死，而且能在驱动过程中（尤其是起步、加速和转弯过程中）防止驱动车轮滑转，以保持汽车驱动过程中的方向稳定性、转向控制能力和加速性能。ASR 作为一个控制系统，其组成主要包括传感器、ECU 和执行器，如图 7-1-6 所示。它的传感器主要是轮速传感器，它的执行器主要是制动压力调节器和发动机输出功率调节装置。

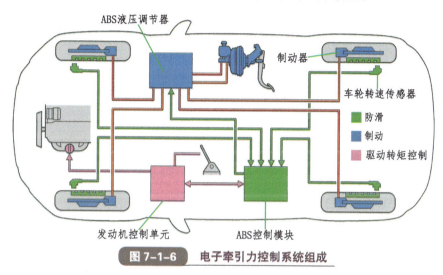

图 7-1-6　电子牵引力控制系统组成

ASR 与 ABS 的对比见表 7-1-1。

表 7-1-1　ASR 与 ABS 的对比

相同之处	不同之处	
	ABS	ASR
ASR 和 ABS 都是控制车轮和路面的滑移率，以使车轮与路面之间保持良好的附着力，因此两系统采用的是相同的技术，它们密切相关，常结合在一起使用，共享许多电子组件来控制车轮的运动，构成行驶安全系统	防止车轮抱死滑移，提高制动效果，确保制动安全	防止驱动车轮原地不动而不停地滑转，在汽车起步、加速及滑溜路面行驶时，确保行驶稳定性
	针对所有车轮	只对驱动车轮起作用
	在制动作时起作用	在整个行驶过程中都工作
	控制制动力	控制制动力和发动机输出功率

7.1.3 电子稳定程序系统（ESP）

ESP 组合了防抱死制动系统、电子牵引力控制系统、驱动防滑控制系统的基本功能，是一种主动安全系统。汽车在行驶过程中出现侧滑、甩尾，或出现明显的转向不足、转向过度引起车辆侧翻倾向时，系统指令 ABS 和 ASR 对发动机输出功率进行控制，并对相关车轮施加制动，及时纠正车辆行驶不稳定的趋势，保证正常的行驶轨迹，避免车辆失控。电子稳定程序的命名有所不同，ESP 是博世公司的专利。其他汽车公司也开发出了类似的系统，如丰田的车辆稳定控制系统（VSC），日产的车辆行驶动力调整系统（VDC），宝马的动态稳定控制系统（DSC）等。

汽车电子稳定程序系统主要由传感器、电子控制单元、执行器及警告装置组成，如图 7-1-7 所示。传感器包括轮速传感器、横向加速度传感器、纵向加速度传感器、偏航角传感器（横摆率传感器）、转向角传感器（方向盘角度传感器）、制动压力传感器等。

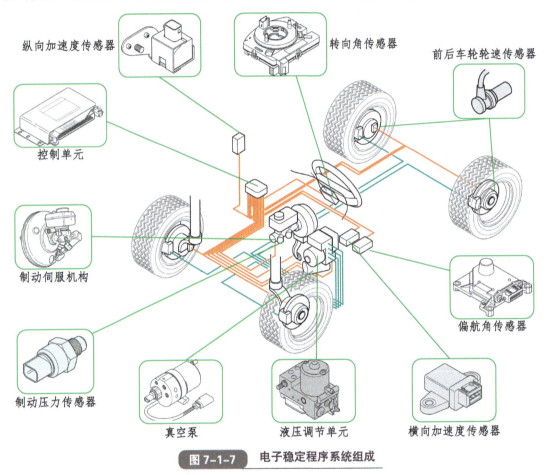

图 7-1-7　电子稳定程序系统组成

7.2 汽车制动控制系统传感器基本原理、检测和更换

20-ABS 泵的拆卸与更换

7.2.1　轮速传感器

1. 基本结构与原理

ABS 的轮速传感器主要有电磁感应式和霍尔式两种，其结构原理见表 7-2-1。

第 7 章　汽车制动控制系统

表 7-2-1　转速传感器结构原理

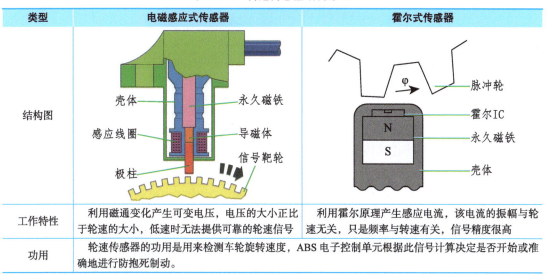

类型	电磁感应式传感器	霍尔式传感器
结构图	（壳体、永久磁铁、感应线圈、导磁体、极柱、信号靶轮）	（脉冲轮、霍尔IC、永久磁铁、壳体）
工作特性	利用磁通变化产生可变电压，电压的大小正比于轮速的大小，低速时无法提供可靠的轮速信号	利用霍尔原理产生感应电流，该电流的振幅与轮速无关，只是频率与转速有关，信号精度很高
功用	轮速传感器的功用是用来检测车轮旋转速度，ABS 电子控制单元根据此信号计算决定是否开始或准确地进行防抱死制动。	

2. 轮速传感器的检查

轮速传感器电路图如图 7-2-1 所示。

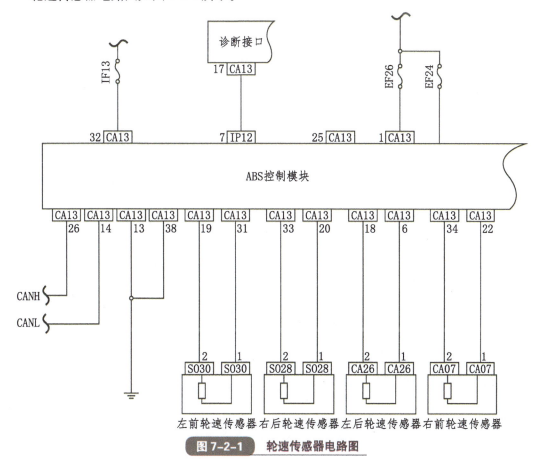

图 7-2-1　轮速传感器电路图

3. 轮速传感器的更换

（1）前轮速传感器的更换

① 断开蓄电池负极电缆。
② 举升车辆。
③ 拆卸前车轮。
④ 拆卸前翼子板衬板。
⑤ 从卡扣上脱开前轮速传感器总成线束连接器（如图 7-2-2 所示）。

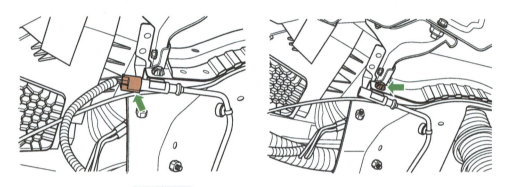

图 7-2-2　脱开前轮速传感器总成线束连接器

⑥ 从卡子上脱开前轮速传感器线束总成（如图 7-2-3 所示）。
⑦ 拆卸前轮速传感器总成固定螺栓（如图 7-2-4 所示），取出前轮速传感器总成。

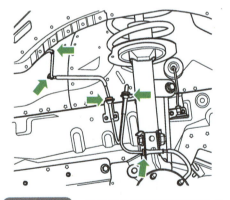

图 7-2-3　脱开前轮速传感器线束总成

图 7-2-4　拆卸前轮速传感器总成固定螺栓

（2）后轮速传感器的更换

① 断开蓄电池负极电缆。
② 举升车辆。
③ 拆卸后轮速传感器固定螺栓（如图 7-2-5 所示）。
④ 断开后轮速传感器线束连接器（如图 7-2-6 所示），取下后轮速传感器。

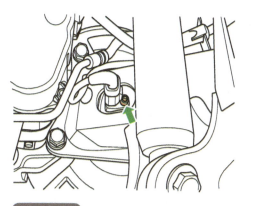

图7-2-5 拆卸后轮速传感器固定螺栓

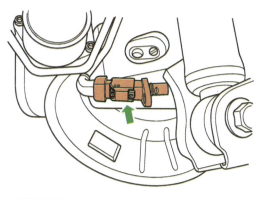

图7-2-6 断开后轮速传感器线束连接器

7.2.2 转向角传感器（方向盘角度传感器）

1. 基本原理

光电式方向盘角度传感器安装在安全气囊的带滑环的回位环后面，转向柱开关和方向盘之间的转向柱上。它的作用是向ABS控制单元传递方向盘角度信号。如果缺少方向盘角度传感器的信息，电子稳定程序系统（ESP）就无法得知所需要的行驶方向，其功能将失效。

方向盘角度传感器的基本组件由带有两个编码环的编码盘、光电耦合对（一个光源和一个光电传感器）组成，如图7-2-7所示。编码盘由两个环组成，外侧的叫绝对环，内侧的叫相对环。

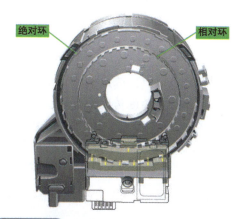

图7-2-7 光电式方向盘角度传感器基本组件

为了简单明了地了解光电式方向盘角度传感器，这里只以相对环为例介绍其工作原理。

相对环一侧有一个光源，另一侧有一个光电传感器。如果光穿过缝隙照到光电传感器上，就会产生一个电压信号，如图7-2-8a所示；如果光源被遮住了，就不会产生电压信号，如图7-2-8b所示。转动这个相对环，就会产生一系列电压信号，如图7-2-9所示。根据信号就可以判断方向盘转动的方向和转角的变化。

2. 光电式方向盘角度传感器的检查

光电式方向盘角度传感器的可能故障有传感器内部发光元件或光电元件烧坏、传感器内部电路有接触不良或断路等。光电式方向盘角度传感器的具体检测方法如下。

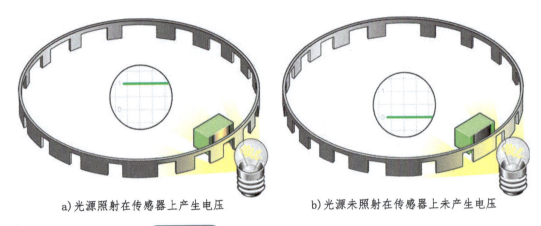

a) 光源照射在传感器上产生电压　　　b) 光源未照射在传感器上未产生电压

图 7-2-8　光电式方向盘角度传感器基本原理

（1）利用诊断仪进行检查

① 读取故障码。如果故障码显示是损坏故障，则直接更换方向盘角度传感器，如果显示未匹配，则需要执行传感器的匹配，如果匹配条件不满足或中断，需要对传感器进行检查。

② 读取数据流。用专用诊断仪进入诊断系统，寻找地址码，读取该控制单元的数据流，找到方向盘角度传感器数据，转动方向盘，观察在转动方向盘的过程中其数据流是

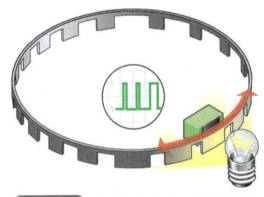

图 7-2-9　转动相对环产生一系列电压信号

否有变化，方向盘在中间时，数据是否为零。如数据无规律或不变化，则方向盘角度传感器损坏，需要更换。方向盘角度传感器更换后，需要重新进行匹配、编码。

（2）利用万用表进行检查

① 检测传感器的电源电压。拔下传感器连接器后，检测连接器各端子之间的电压，以确定传感器电源正常与否。

② 检测传感器的输出信号。在连接电源的情况下，通过测量传感器插头的电源端子与传感器输出电压，以确定传感器输出信号正常与否，正常信号电压应是脉冲电压。

③ 检测传感器与 ECU 的连接线路。若传感器输出信号电压正常，但自诊断系统有故障码显示，则需拔下传感器和 ECU 的连接器，通过线束两端的插头相关端子测量每根导线的电阻，以确定连接导线是否有断路或接触不良。如果线路良好，则需检修或更换 ECU。

3. 方向盘角度传感器标定

标定步骤如图 7-2-10 所示。

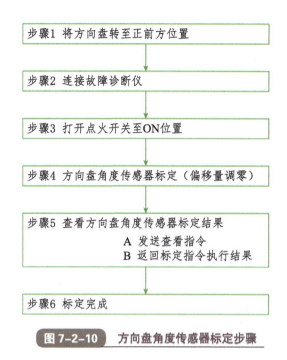

图 7-2-10 方向盘角度传感器标定步骤

7.2.3 横向加速度传感器

横向加速度传感器一般装在驾驶人座椅下，用于测定是否存在偏离预定方向的侧向力及该侧向力的大小。如果缺少横向加速度信息，控制单元就无法计算出车辆的实际运动状态，电子稳定程序系统（ESP）就会失效。

横向加速度传感器一般由一块永久磁铁，一个弹簧，一个减振器板及一个霍尔式传感器组成，如图 7-2-11a 所示。

若横向加速度作用到车辆上，由于惯性，永久磁铁稍后才随之运动，也就是说开始时永久磁铁保持静止，而减振器板随传感器机体和整个车辆一起运动，见图 7-2-11b。通过移动，在减振器板上产生了电涡流，形成了一个与永久磁铁相反的磁场，从而减小了总磁场的强度，进而引起霍尔电压（U）的变化，见图 7-2-11c。减振器板和磁铁间摆动越大，磁场强度越弱，霍尔电压变化越明显。如果没有横向加速度时，霍尔电压应保持恒定，见图 7-2-11d。

7.2.4 横摆率传感器

横摆率传感器又称偏转率传感器、偏航率传感器，一般装在汽车行李舱前部，与汽车垂直轴线平行，横摆率传感器主要用来记录汽车纵向轴线摆动的角速度，用来权衡转向过度或转向不足。当电子制动控制单元确定期望的横向偏摆率与横向偏摆率传感器测量的实际横向偏摆率不符时，就会启动稳定性控制系统。

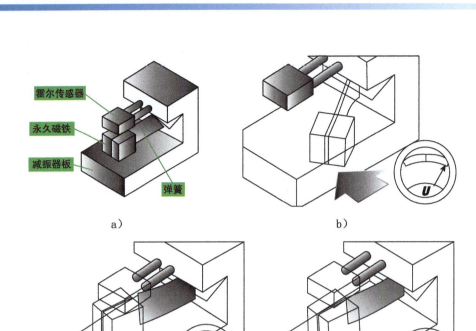

图 7-2-11　横向加速度传感器的结构

7.2.5　制动压力传感器

用于奥迪 A6L/A7 Sportback 轿车 ESP 系统上的制动压力传感器，集成在液压单元上，如图 7-2-12 所示。它向电子控制单元传送制动管路中的实际制动压力，电子控制单元据此算出车轮制动力及作用在车辆上的轴向力，如果需要 ESP 起作用，电子控制单元会利用上述数值计算侧向力。

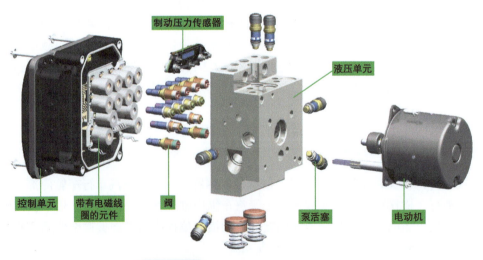

图 7-2-12　制动压力传感器安装位置

制动压力传感器不能从液压单元中拧出，要和液压单元一起更换。

制动压力传感器的核心部件有两个：一个是压电感应元件，制动液的压力就作用在其上；另一个是传感器电子元件。

如果没有制动压力作用，压电感应元件的电荷分布是均匀的；如果制动液的压力作用到压电元件上，压电元件上的电荷分布在空间上发生变化，电荷位置移动，由此产生电压。压力越大，电荷分离的趋势越强，产生的电压就越高。这个电压由电子装置放大，然后作为信号传给控制单元。传感器输出的电压高低就是制动压力大小的直接反映。

ESP制动压力传感器通过三根导线与电子控制单元相连，一根导线为5V电源线，一根导线为信号线，还有一根为搭铁线，如图7-2-13所示。

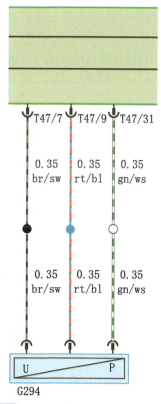

图7-2-13　奥迪A6L ESP制动压力传感器电路

7.3　电子驻车制动及自动驻车系统

7.3.1　概述

电子驻车制动系统（Eletronic Park Brake，EPB），将机械式驻车制动系统的驻车制动杆变成了电子按钮，制动盘和制动片的压紧力不是来自驾驶人的作用力，而是来自电动机转动产生的转矩，并通过机械传动机构使制动盘与制动片压紧。电子驻车制动系统由电子控制器根据相关传感器和开关信号来判断是否需要驻车制动，或解除驻车制动。

电子驻车制动系统一般都带有驻车制动、坡道起步辅助、动态紧急制动、自动驻车功能。

AUTOHOLD 自动驻车功能通过坡度传感器由控制器给出准确的驻车力。在起动时，驻车控制单元通过离合器距离传感器、离合器接合速度传感器、加速踏板传感器等提供的信息进行计算，当驱动力大于行驶阻力时，自动释放驻车制动，从而使汽车能够平稳起步。

7.3.2 组成与原理

电子驻车制动系统主要由离合器位置传感器、驻车制动按钮、自动保持开关、电子控制单元、ABS 控制单元/压力调节器、左/右制动电动机、指示灯（电子驻车制动器指示灯、制动装置指示灯、故障指示灯、AUTO HOLD 指示灯）等组成，如图 7-3-1 所示。

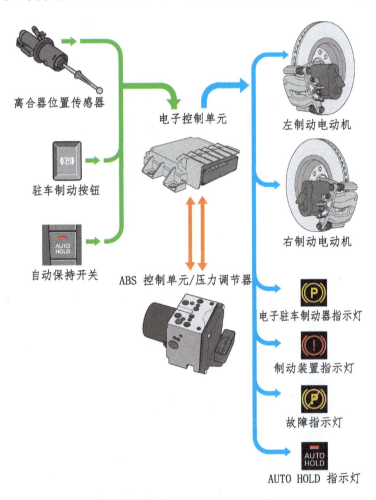

图 7-3-1　电子驻车制动系统组成

拉起驻车制动器按钮，电子驻车制动器控制单元会起动电动机。电动机通过带轮带动斜盘式齿轮传动螺杆。螺杆转动，使得螺纹上的压力螺母向前移动，压力螺母移动到制动活塞上，并将其压向制动片（图7-3-2）。制动片从另一侧压制动盘。此时电动机的耗电量升高，电子驻车制动器控制单元全程测量电动机的耗电量，当耗电量超过一定值时，控制单元关闭对电动机的供电。

释放驻车制动器按钮时，螺杆上的压力螺母向后移动，制动活塞被松开并缩回，制动片离开制动盘。

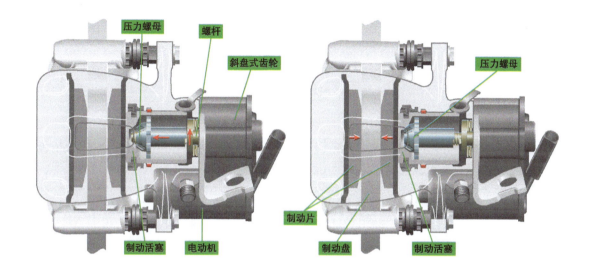

图7-3-2　电子驻车制动器工作原理

7.4　汽车制动控制系统常见故障诊断与排除

当汽车出现制动不良时，首先应当先区别是普通制动系统不良，还是ABS电子控制系统的故障。其方法是，关闭ABS（拔出熔丝）比较制动效果，如果效果相同，则故障在普通制动系统；如果效果不同，则故障在ABS。

其次，应当先检查导线的接头和接插件有无松脱，制动油路和制动主缸、轮缸及制动控制阀等有无漏损，制动液液面是否在规定的范围内。

确定是ABS电子控制系统的故障后，应读取故障码。

7.4.1　ABS工作异常

ABS工作异常的故障现象主要有：制动力不足；制动力不均匀；ABS不正常工作。
ABS工作异常的故障原因有：

① 传感器安装不当。
② 传感器线束有问题。
③ 传感器损坏。
④ 齿圈损坏。
⑤ 传感器黏附异物。
⑥ 车轮轴承损坏。
⑦ 液压控制单元损坏。
⑧ 电子控制单元损坏。

ABS 工作异常故障的诊断与排除如图 7-4-1 所示。

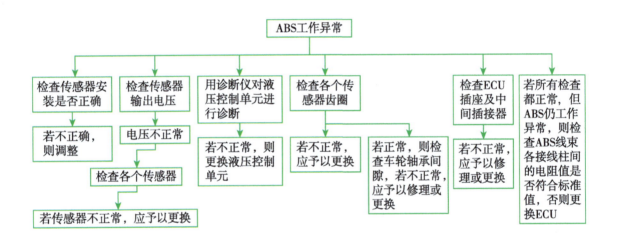

图 7-4-1　ABS 工作异常故障的诊断与排除

7.4.2　ABS 失效

装有 ABS 的汽车在紧急制动时，车轮容易抱死，说明 ABS 失效。ABS 失效的故障原因有：

① ECU 电源电路故障。
② 蓄电池电压低于 12V。
③ 制动警告灯开关或线路故障。
④ 车速传感器和电磁控制阀导线束破损、搭铁。
⑤ 电磁控制阀故障。

ABS 失效故障诊断与排除流程如图 7-4-2 所示。

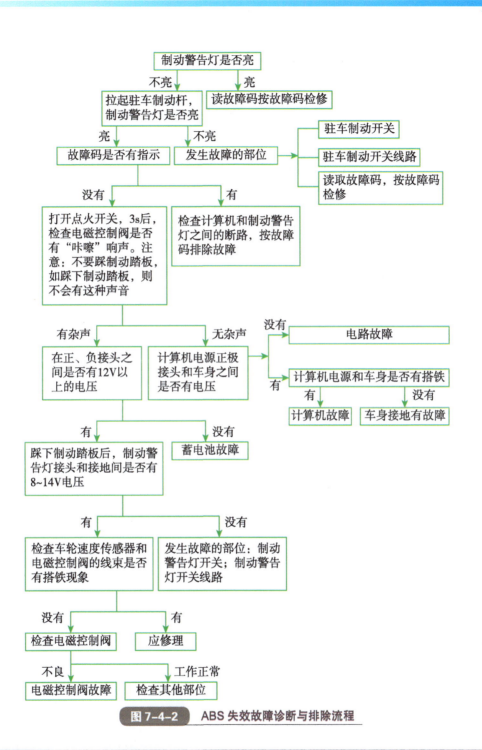

图 7-4-2　ABS 失效故障诊断与排除流程

7.4.3　ABS 警告灯常亮

发动机起动后，ABS 警告灯常亮，无故障码显示。

ABS 警告灯常亮的故障原因主要包括：ABS 警告灯控制器损坏；ABS 警告灯控制器回路开路；ABS ECU 损坏。

ABS 警告灯常亮的故障诊断与排除如图 7-4-3 所示。

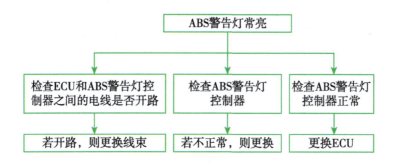

图 7-4-3　ABS 警告灯常亮故障诊断与排除

第 8 章 汽车空调系统

Chapter 8

- 8.1 汽车空调系统组成及工作原理　168
- 8.2 汽车空调系统主要部件　172
- 8.3 汽车空调系统常见检测设备　177
- 8.4 汽车空调部件的检修、更换与维护技巧　181
- 8.5 汽车空调系统常见故障诊断与排除　187

8.1 汽车空调系统组成及工作原理

8.1.1 汽车空调的组成

汽车空调系统的功用是调节车内温度（即提供冷气与暖气）、通风、净化车内空气。汽车空调系统由制冷、暖风、通风和电气控制四个子系统组成，如图 8-1-1 所示。

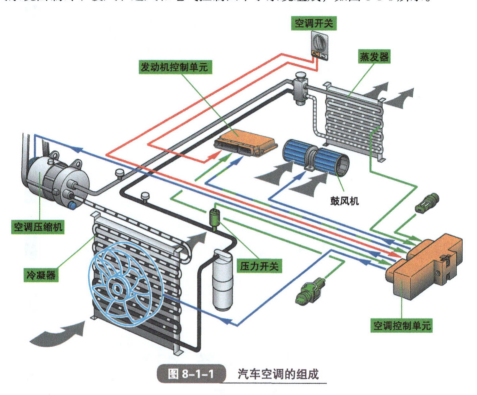

图 8-1-1　汽车空调的组成

1. 制冷系统

汽车空调系统产生冷气的过程称为制冷。制冷系统主要由压缩机、冷凝器、干燥过滤器、膨胀阀、蒸发器、鼓风机等组成，它们之间由特制的橡胶软管或金属管路连接起来，形成一个封闭的制冷循环系统。

2. 暖风系统

暖风系统对车内空气和由外部进入车内的新鲜空气进行加热，达到提高车内温度和除湿的目的。

3. 通风系统

通风系统主要由空气分配装置、鼓风机、控制风门和空气净化装置等组成。通风系统的作用是不断将新鲜空气引入车内，并通过净化装置对空气进行清洁，以提高车内空气质量。

4. 电气控制系统

电气控制系统主要指控制面板及控制电路。电气控制系统对空调制冷系统和暖风系统的温度和压力进行控制，并对车内空气的温度、流速和湿度进行控制，以满足驾乘人员对车内环境的需求。

8.1.2 空调系统工作原理

1. 制冷系统工作原理

汽车空调制冷系统通过制冷剂在系统内循环流动，由制冷剂的液态和气态转换过程，将车内的热量传递到车外，达到车内降温的目的，具体工作原理如图8-1-2所示。

压缩机由发动机通过传动带驱动，从蒸发器中抽取气态制冷剂并将其压缩。制冷剂的温度升高至83~110℃范围之间，压力达到1500kPa，高压过热制冷剂被传送至冷凝器中。此时，制冷剂内的热量便被输送至散热片的空气带走了，因为此热量的散失，制冷剂便被冷却，并留在冷凝器中。接着，温度降至53~70℃的制冷剂在高压下被送至制冷剂储液干燥器中。储液干燥器作为储存中介，滤清所有夹杂在制冷剂中的水分。干燥的过冷制冷剂被输送到膨胀阀入口处。作为蒸发器中压力与温度的控制部件，膨胀阀对进入蒸发器中的制冷剂流量进行节流减压控制，从膨胀阀出来的雾状制冷剂压力为200kPa，温度降到0~2℃，雾状制冷剂在蒸发器中受热蒸发。最后，空气中的热量在其进入乘客舱时就被蒸发器中的制冷剂吸收完全，因此，空气冷却下来，而空气中夹杂的水分则凝结在蒸发器芯表面。来自蒸发器的低压制冷剂气流流至膨胀阀上开口处，此时的制冷剂压力为200kPa，温度升高到5~8℃，而压缩机便在此处抽取过热的制冷剂蒸气。

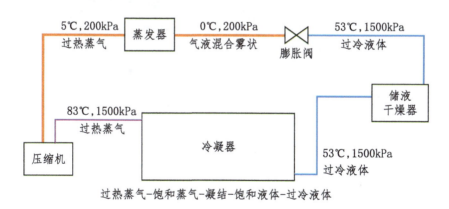

图8-1-2 制冷系统工作原理

2. 暖风系统工作原理

当自动空调系统处于加热模式时，冷暖温度控制电动机将温度控制装置转至暖风位置，进入加热器芯的空气产生下列作用：部分或全部气流旁通至加热器芯产生热量。传递任何不用加热的空气，将在进入乘客舱前，与加热后的空气混合，获得相应的混合好的温度合适的空气。发动机冷却液状态是暖风系统是否正常工作的关键因素。具体工作原理如图 8-1-3 所示。

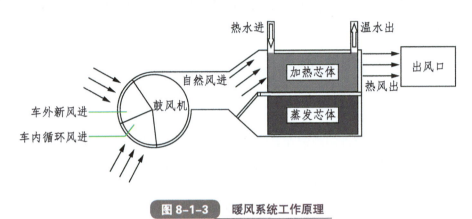

图 8-1-3　暖风系统工作原理

3. 通风系统工作原理

通风系统上的各种位置可使模式阀门通过风道混合或引入冷风、热风和外部空气通过空调系统，气流由风道系统和出风口将空气输送到乘客舱（图 8-1-4）。在"AUTO（自动）"模式中会自动选择相应的模式状态，使用"MODE（模式）"按钮可更改车辆的送风模式。

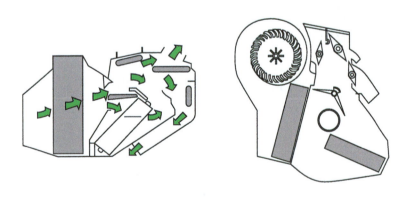

图 8-1-4　通风系统工作原理

8.1.3　自动空调控制系统

1. 自动空调控制系统的组成

自动空调控制系统主要由传感器、执行器和空调控制单元（控制面板）组成，典型车型自动空调电子控制系统的组成如图 8-1-5 所示。

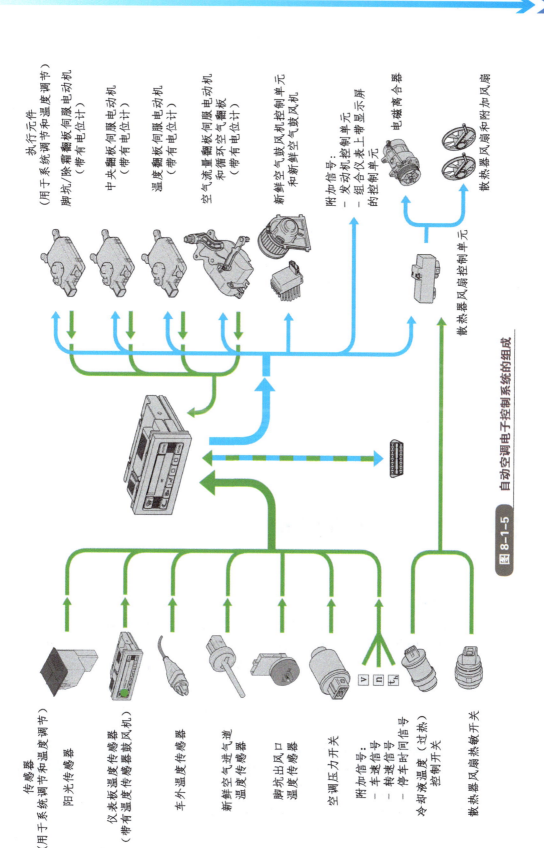

图 8-1-5 自动空调电子控制系统的组成

2. 自动空调控制系统的功能

（1）空调控制

空调控制包括温度自动控制、风量控制、运转方式给定的自动控制、换气量控制等，满足车内人员对空调舒适性的要求。

（2）节能控制

节能控制包括压缩机运转控制、换气量的最适量控制以及随温度变化的换气切换、自动转入经济运行、根据车内外温度自动切断压缩机电源等。

（3）故障报警

包括制冷剂不足报警、制冷压力不正常报警、各种控制器件的故障判断报警等。

（4）故障诊断存储

汽车空调系统发生故障时，空调 ECU 将故障部位用故障码的形式存储起来，在需要修理时指示故障的部位。

（5）显示功能

包括显示给定的温度、控制温度、控制方式、运转方式的状态等。

8.2 汽车空调系统主要部件

8.2.1 空调压缩机与电磁离合器

1. 空调压缩机

汽车空调压缩机是制冷系统的"心脏"，其作用是吸入来自蒸发器的低温低压气态制冷剂，将其压缩成高温高压气态后送往冷凝器，保证制冷剂在系统中循环流动。

目前，汽车上使用最多的是斜盘式压缩机，又称旋转斜盘式压缩机，其结构如图 8-2-1 所示。工作时驱动轴旋转，带动斜盘旋转，与斜盘连接的活塞往复运动，完成气体压缩。

2. 电磁离合器

在汽车空调系统中，电磁离合器一般安装在压缩机前端面，其作用是控制发动机与压缩机的动力传递。电磁离合器由带轮、电磁线圈、弹簧片等主要部件组成，弹簧片和带轮之间存在一个间隙"A"，如图 8-2-2 所示。

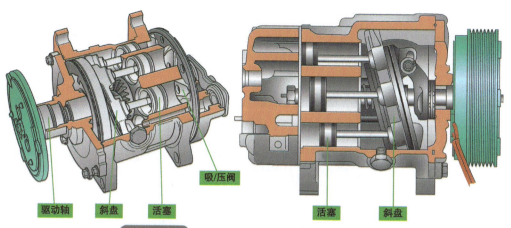

图 8-2-1　汽车上常用的斜盘式空调压缩机结构

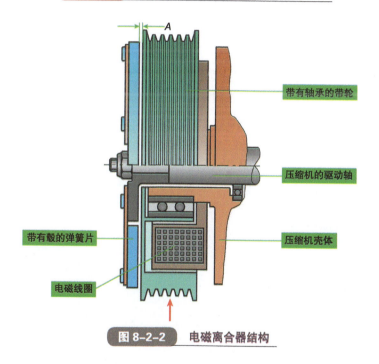

图 8-2-2　电磁离合器结构

8.2.2　冷凝器与蒸发器

冷凝器和蒸发器是用来实现两种不同温度流体之间的热量交换的装置。

1. 冷凝器

冷凝器的作用是对压缩机排出的高温、高压制冷剂蒸气进行冷却，使其凝结为高压制冷剂液体。它一般安装在散热器之前，利用发动机冷却风扇将放出的热量传到空气中，其结构如图 8-2-3 所示。

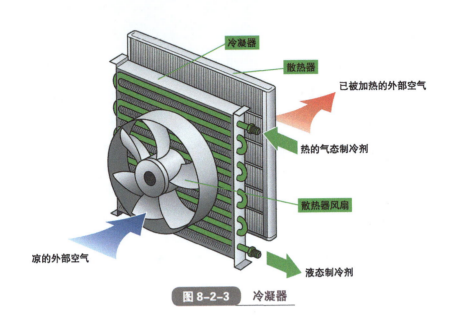

图 8-2-3　冷凝器

2. 蒸发器

蒸发器的作用是将膨胀阀出来的液态制冷剂汽化，并吸收蒸发器周围空气的热量而使之降温，鼓风机再将冷风吹到乘客舱内，让乘客舱内的空气冷却并除去水汽。它多安装于汽车驾驶室仪表台下方的再循环外壳内。目前，主要采用全铝层叠式蒸发器，其结构如图 8-2-4 所示。

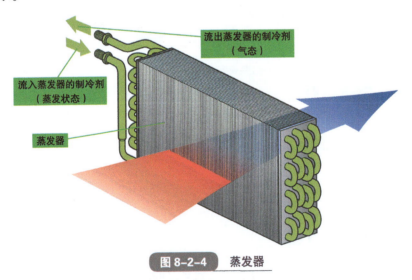

图 8-2-4　蒸发器

8.2.3　膨胀阀

膨胀阀如图 8-2-5 所示，它安装在制冷剂循环管路的高压侧和低压侧之间（就在蒸发器的入口），作用是把来自储液干燥器的高温高压的液态制冷剂节流降压成低温低压的制冷剂蒸气，同时可防止压缩机发生液击现象和蒸发器出口蒸气异常过热。

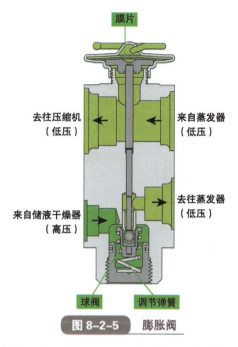

图 8-2-5 膨胀阀

膨胀阀采用热控制方式来控制，它的调节元件是热胀盖和球阀。热胀盖内膜片的一侧充满了一种专用气体，另一侧通过压力平衡孔与蒸发器出口（低压）相连。球阀通过一个推杆来操纵。低压一侧的温度就决定了专用气体的压力，也就决定了制冷剂的喷射量。该膨胀阀总是与隔热垫装在一起。如果膨胀阀上没有装上隔热垫，那么已经设定好的调节曲线就会发生改变。

8.2.4 储液干燥器

储液干燥器的全名为储液干燥过滤器，其结构如图 8-2-6 所示。它安装在冷凝器与膨胀阀之间，主要作用是储存制冷剂、作为制冷剂的膨胀容器、过滤杂质、吸收水分。

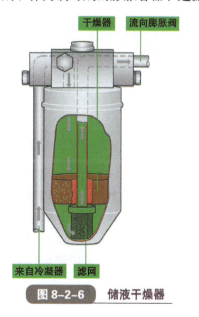

图 8-2-6 储液干燥器

8.2.5 传感器

在自动空调系统中，ECU是根据各种传感器的信号和设定的温度进行自动调节，以达到车内预定温度的。不同车型所用的传感器会有所不同。相关传感器主要有车内温度传感器、车外温度传感器、蒸发器温度传感器、出风口温度传感器、阳光传感器等。自动空调系统用传感器在汽车上的安装位置如图8-2-7所示。

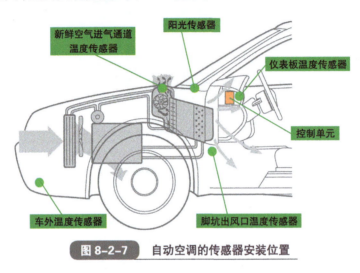

图8-2-7　自动空调的传感器安装位置

1. 车内温度传感器、车外温度传感器

车内温度传感器和车外温度传感器影响车内空气温度的自动控制，这些传感器都是对温度敏感的热敏元件，传感器的电阻和温度成反比对应关系，电阻值确定了传给空调控制模块的信号。

2. 阳光传感器

阳光传感器位于仪表板上部装饰衬垫中间。阳光传感器属于光照能量传感器，该传感器可测量阳光照射到车辆所产生的热量，为空调控制模块提供更多的补偿参数。空调控制模块根据阳光强度的状态和车内空调工况需求，实时自动调整空调风量和冷、热风混合比例，让所有乘员均能获得最舒适的感觉。

8.2.6 伺服电动机

在自动空调系统中，温度翻板、中央翻板、脚坑/除霜翻板这些空气翻板的调节过程是由伺服电动机来完成的，循环空气翻板也是由伺服电动机来调节的。这些伺服电动机布置在与相应翻板轴等高处，接收来自空调控制单元的相应控制信号，如图8-2-8a所示。每个伺服电动机都配有一个电位计。这个电位计通过一个反馈值来将翻板的位置告知空调控制单元。伺服电动机（执行元件）可以将电气输出信号转化成一个机械量，如图8-2-8b所示。

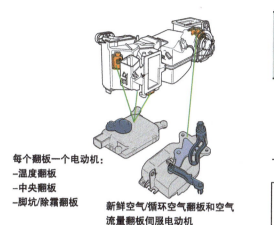
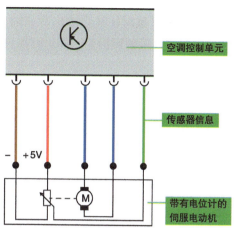

a) 伺服电动机工作原理　　　　b) 伺服电动机电路图

图 8-2-8　伺服电动机

8.2.7　制冷剂 R134a 与冷冻油

制冷剂在空调系统中有如下作用：吸收热量、携带热量、释放热量。汽车空调使用 R-134a 制冷剂，制冷剂 R134a 为无毒、阻燃、透明、无色的液体。在进行需要打开制冷系统管路或部件的维修作业前，应参阅制冷剂管路和管接头的处置以及保持化学品稳定性的说明。R-134a 系统加注专用冷冻油"100PG 合成冷冻油"，此种冷冻油易吸水，需要在密闭容器中进行储存。

8.2.8　空调高压管、空调低压管、空调压力开关

车辆采用空调高压管与低压管（空调硬管和/或软管）将空调制冷系统连接成一个密闭的系统，制冷剂与冷冻油在这个密闭系统里流动，完成制冷剂的工作循环过程。空调硬管由铝管和相应接头组成，空调软管由橡胶软管和相应的接头组成。空调压力开关属于三态压力开关，用于传送空调压力信号。

8.3　汽车空调系统常见检测设备

汽车空调系统常见的检测设备有检漏设备、歧管压力计、制冷剂注入回收设备等。

8.3.1　检漏设备

汽车空调制冷系统常用的检漏方法有：外观检漏、肥皂泡检漏、染料检漏、电子检漏仪检漏、真空检漏、压力检漏等。

1. 外观检漏

制冷剂泄漏严重时往往会渗出冷冻油，若发现在某处有油污渗出，可进一步用清洁的白纸擦拭或用手直接触摸检查。如仍有油冒出，则可能有渗漏。

2. 肥皂泡检漏

对电子检漏仪很难进入的漏点，要想确定泄漏的准确位置，可采用肥皂泡检漏。将全部接头或可疑区段抹上肥皂液；观察肥皂泡的出现情况，肥皂泡形成处就是漏点所在，如图 8-3-1 所示。

3. 荧光剂或染料检漏

将荧光剂加入空调（加注方法与加注冷冻油相同），使空调运转，打开荧光电筒，若空调系统有泄漏，可看见泄漏处有荧光出现，如图 8-3-2 所示。

图 8-3-1　肥皂泡检漏

图 8-3-2　荧光检漏

4. 电子检漏仪检漏

电子检漏仪较为普遍，外形如图 8-3-3 所示。检漏时：

1）保持仪器探头距管路 6~8cm，以 3~5cm/s 的速度移动探头。

2）制冷剂比空气重，应尽量在可能泄漏的地方的下方寻找。

3）检查所有焊接点是否开裂，压力开关和膨胀阀是否泄漏或损坏。

4）当检漏装置发出报警时，即表明此处存在泄漏。

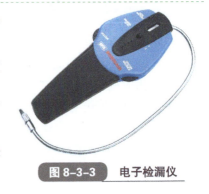

图 8-3-3　电子检漏仪

8.3.2　歧管压力计

1. 歧管压力计的组成及作用

歧管压力计由高压表、低压表、低压手动阀、高压手动阀、表座、高压侧软管、低压侧软管、维修用软管等组成，如图 8-3-4 所示。歧管压力计也称压力表组，与制冷系统相接可进行抽真空、加注制冷剂及检查和判断制冷系统的工作状态和故障情况等。

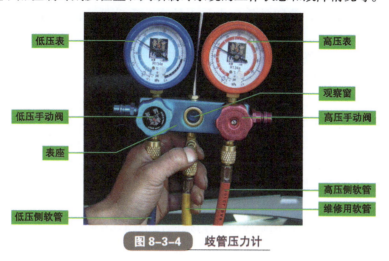

图 8-3-4　歧管压力计

2. 制冷剂回收与加注

（1）汽车空调制冷系统的抽真空。

抽真空的目的是排除制冷系统内的空气和水分，同时也可以用于制冷系统的检漏，当对空调制冷系统进行维修或更换元件时，空气会进入系统，且空气中含有一定量的水蒸气（湿空气），当超过一定量时会造成制冷不足或间歇性出冷风。

为最大限度地将系统内的空气及湿气抽出，必要时采用重复抽真空法，即第一次抽真空完毕后，再连续抽 30min 以上。具体操作过程如下：

1）将歧管压力计上的两根高、低压软管分别与空调管道上的高、低压检修阀接口相连；将歧管压力计上中间软管与真空泵相连。

2）打开歧管压力计的手动高、低压阀，起动真空泵，将系统压力抽真空至 100kPa 左右。

3）关闭歧管压力计上的手动高、低压阀，观察压力计指示压力是否回升。若回升，则表示系统泄漏，此时应进行检漏和修补。若压力计指针保持不动，则打开手动高、低压阀，起动真空泵继续抽真空 15~30min，使真空压力计指针稳定。

4）关闭歧管压力计上的手动高、低压阀。

5）关闭真空泵。

（2）汽车空调系统制冷剂的充注。

充注制冷剂的方法有两种：一种为抽完真空后，不起动发动机，不开空调，从高压端直接加入液态制冷剂。这种充注方法特点是快速、安全，适用于制冷系统第一次充注制冷剂。另一种是从压缩机低压端充注，充入的制冷剂是

21- 制冷剂的排放（使用加注机）

22- 制冷剂的加注（使用加注机）

23- 制冷剂的排放（使用压力表）

24- 制冷剂的加注（使用压力表）

气态, 这种充注方法的特点是充注速度慢适用于补充充注制冷剂。

1) 高压端充注制冷剂。

① 当系统抽真空后, 关闭歧管压力计上的高、手动低压阀。将歧管压力计与系统连接。

② 将中间软管的一端与制冷剂罐注入阀连接, 如图 8-3-5 所示, 打开制冷剂罐开关, 再拧开歧管压力计软管一端的螺母, 让气体溢出几分钟, 把空气赶走, 然后再拧紧螺母。

③ 拧开高压侧手动阀至全开位置, 将制冷剂罐倒立, 以便从高压侧充注液态制冷剂。

④ 从高压侧注入规定量的液态制冷剂。

⑤ 充注完毕, 关闭制冷剂罐注入阀及歧管压力计上的手动高压阀, 然后将仪表卸下。

⑥ 装回所有保护帽和保护罩。

2) 低压端充注制冷剂。

① 将歧管压力计与压缩机和制冷剂罐连接好, 如图 8-3-6 所示。

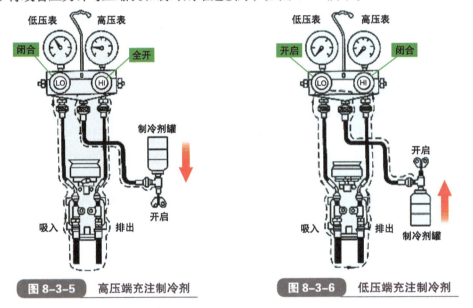

图 8-3-5 高压端充注制冷剂　　图 8-3-6 低压端充注制冷剂

② 打开制冷剂罐开关, 再拧开歧管压力计软管一端的螺母, 让气体溢出几分钟, 把空气赶走, 然后再拧紧螺母。

③ 打开手动低压阀, 当系统压力值达到 0.4MPa 时, 关闭手动低压阀。

④ 起动发动机并将转速调整到 1250r/min 左右, 接通空调开关, 并将风机开关置于高速、调温开关调到最冷。

⑤ 再打开歧管压力计上的手动低压阀。让制冷剂继续进入制冷系统, 直至充注量达到规定值时, 立即关闭手动低压阀。

⑥ 此时高压表值应为 1.01~1.64MPa, 低压表值应为 0.118~0.198MPa。

⑦ 充注完毕后, 先关闭歧管压力计上的手动低压阀, 关闭制冷剂罐开关, 使发动机停止运转, 将歧管压力计从压缩机上卸下, 卸下时动作要迅速, 以免过多制冷剂排出。

⑧ 装回所有保护帽和保护罩。

8.3.3 检查、抽取、抽真空和加注一体机

检查、抽取、抽真空和加注一体机中包含多个单独的装置：充注缸、压力表、真空泵、截止阀、加注软管，如图 8-3-7 所示。还有用于制冷剂环路高压区和低压区的快速连接接头，该设备可以满足车上空调设备的保养、检查和调试的要求。

使用该装备可以对车上空调进行排空、抽真空以及加注制冷剂操作。被抽出的制冷剂可以在该设备中进行循环利用处理（去水汽和悬浮物），处理完成后可以将制冷剂重新注回。

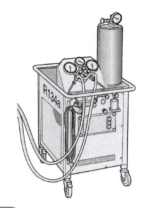

图 8-3-7　检查、抽取、抽真空和加注一体机

8.3.4 制冷剂加注回收清洗一体机

制冷剂加注回收清洗一体机的外观如图 8-3-8 所示。

图 8-3-8　制冷剂加注回收清洗一体机

8.4 汽车空调部件的检修、更换与维护技巧

8.4.1 汽车空调系统的检修与更换

1. 压缩机的检修与更换

（1）压缩机的检修

① 检查压缩机有无卡住、泄漏，运转不良和异响等。
② 压缩机的就车诊断。

起动发动机,保持转速为1250~1500r/min,把歧管压力计接入制冷系统中,打开空调开关,风扇开到最大位置,触摸压缩机的进气口和排气口,正常应是进气口凉、排气口烫,两者之间的温差较大。若两者温差小,再看歧管压力计,表上显示高低压相差不大,则说明压缩机的工作不良,应拆下修理。如果压缩机较热,再看歧管压力计,表上显示低压侧压力太高,高压侧压力太低,则说明压缩机内部密封不良,应更换压缩机。如果制冷系统的高、低压都过低,则说明系统内部的制冷剂过少,应进行检漏。若压缩机出现泄漏,则应更换或修理。压缩机正常运转,发出清脆均匀的阀片(限压阀)跳动声,如果出现异响,应判断异向的来源,进行修理。

(2)空调压缩机的更换

空调压缩机的更换步骤如下:
① 断开蓄电池负极电缆。
② 执行空调制冷剂的回收程序。
③ 拆卸传动带。
④ 断开空调压缩机总成线束连接器(图8-4-1)。
⑤ 拆卸空调压缩机总成上的高、低压管固定螺栓,并脱开空调高、低压管(图8-4-2)。
⑥ 拆卸空调压缩机总成上的固定螺栓(图8-4-3)并取下空调压缩机总成。

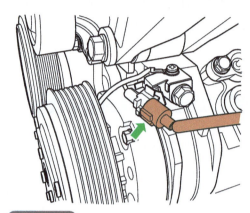

图 8-4-1　断开空调压缩机总成线束连接器

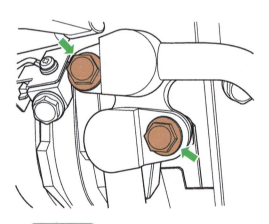

图 8-4-2　拆卸空调压缩机总成的高、低压管固定螺栓

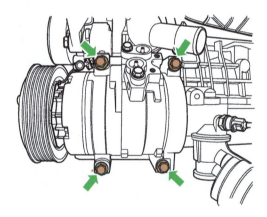

图 8-4-3　拆卸空调压缩机总成上的固定螺栓

2. 电磁离合器的检查

(1)压盘检查

检查是否变色、脱落或损伤。如果有损坏,应更换电磁离合器。

（2）带轮检查

用手转动带轮，检查带轮轴承的间隙和阻力，如果出现噪声、间隙过大、阻力过大中任意一种情况，则更换电磁离合器。

（3）间隙检查

用塞尺测量带轮与压盘之间的间隙，如图8-4-4所示。检测结果应符合规定值。

（4）励磁线圈电阻检测

电阻检测如图8-4-5所示，电阻值应符合规定值，否则应更换电磁离合器。

图8-4-4　电磁离合器压盘检测

图8-4-5　电磁离合器励磁线圈电阻的检测

3. 冷凝器的检查与更换

（1）冷凝器检查。

① 用检漏仪检查冷凝器是否泄漏。

② 检查冷凝器管内是否脏堵或管外弯瘪。如果压缩机排气压力过高，不能正常制冷，管外有结霜、结露现象时，说明管内脏堵或管外弯瘪。冷凝器管内脏堵，应拆开冷凝器出口和进口接头，用高压氮气吹洗，冲出脏物。

③ 检查冷凝器管外及翅片外表面有无污垢、残渣等，如有，必须及时清理。冷凝器散热翅片若歪曲变形，可用镊子校正铝散热翅片。

④ 检查冷凝器管接头处是否泄漏，若泄漏应更换管接头，并重新进行检漏试压。

（2）冷凝器的更换

冷凝器的更换步骤如下：

① 操作空调制冷剂的回收程序。
② 拆卸前保险杠上装饰板。
③ 拆卸冷却风扇。
④ 拆卸散热器（图8-4-6）。
⑤ 脱开冷凝器与空调管固定螺母上的线束卡 (图8-4-7)。

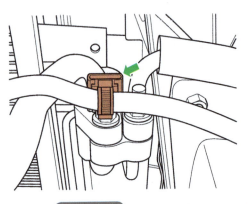

图 8-4-6　拆卸散热器

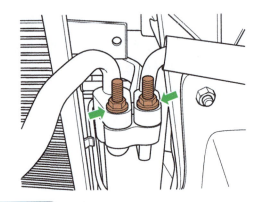

图 8-4-7　脱开冷凝器与空调管固定螺母上的线束卡

⑥拆卸前保险杠。
⑦拆卸冷凝器总成与中冷器总成固定螺栓（图 8-4-8）。
⑧取下冷凝器总成。

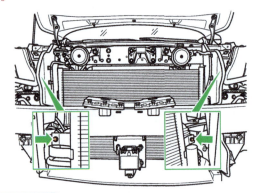

图 8-4-8　拆卸冷凝器总成与中冷器总成固定螺栓

4. 蒸发器的检修

①观察蒸发器外表面是否有积垢、异物，如有，清除蒸发器外表面积垢、异物。
②用检漏仪检查蒸发器是否泄漏，若有泄漏，应进行焊补，若无法焊补应更换蒸发器总成，并向压缩机补充 40~50mL 的冷冻油。
③观察排泄管路是否洁净、畅通，及时清洁排泄管路，并清除积聚在底板上的冷凝水。
④若是蒸发器风机故障，应修理风机。

5. 膨胀阀的检修

检查膨胀阀是否被污物堵塞，若有堵塞，可用高压空气吹通，如吹不通，应更换膨胀阀。

6. 自动空调系统车外温度传感器的检查与更换

（1）自动空调系统车外温度传感器的检查

汽车空调所用温度传感器均为负温度系数热敏电阻，其工作原理基本相同，车外温度传感器电路图 8-4-9 所示。

① 查电源线。拆下温度传感器的连接器，测量线束侧端子 2 与搭铁之间，应有 5V 电压；否则说明线束或 ECU 有故障。

② 检查搭铁线。拆下温度传感器的连接器，测量线束侧端子 1 与搭铁之间的电阻，应小于 12V，否则说明线束或 ECU 有故障。

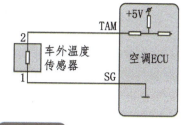

图 8-4-9　车外温度传感器电路图

③ 检查传感器本身。拆下温度传感器的连接器，测量传感器端子 1 和 2 之间的电阻，其电阻值应随温度的升高而减小，数值应与规定相符；否则说明传感器有故障。

④ 检查传感器的信号电压。连接好传感器的连接器，测量端子 1 和端子 2 之间的信号电压，电压值应随温度的升高而减小，并与规定相符；否则说明传感器或控制电路有故障。

（2）自动空调系统车外温度传感器的更换

自动空调系统车外温度传感器更换步骤如下：

① 关闭所有用电器，关闭启动开关。

② 断开蓄电池负极接线柱。

③ 拆卸中央上部格栅总成。

④ 拆卸车外温度传感器，断开车外温度传感器插头，取出车外温度传感器（图 8-4-10）。

7. 自动空调系统车内温度传感器的更换

自动空调系统车内温度传感器更换步骤如下：

① 关闭所有用电器，关闭起动开关。

② 断开蓄电池负极接线柱。

③ 拆卸驾驶员侧下饰板总成。

④ 拆卸车内温度传感器（图 8-4-11）。

a. 沿箭头 A 方向脱开支架固定卡扣。

b. 沿箭头 B 方向取出车内温度传感器。

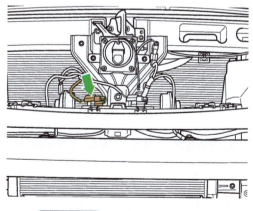

图 8-4-10　拆卸车外温度传感器

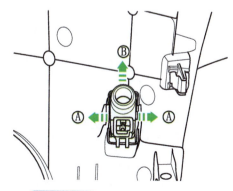

图 8-4-11　拆卸车内温度传感器

8.4.2 汽车空调维护注意事项

① 在检查和充注制冷剂时，或打开制冷系统管路时，要在通风良好的地方进行操作。

② 操作时务必戴上防护眼镜和橡胶手套，避免液体制冷剂接触到眼睛或皮肤上，若眼睛或皮肤不小心接触到液态制冷剂，应立即用大量冷水清洗，不可擦拭眼睛或皮肤，然后在皮肤上涂抹干净的凡士林，并立即去医院接受治疗。

③ 在充注制冷剂时，对装制冷剂的容器加热，应在40℃以下的温水中进行，不可将其直接放在火上烘烤。否则，会引起内存的制冷剂压力增大，导致容器发生爆炸。

④ 不可将装制冷剂的钢瓶暴露在明火处。制冷剂与明火接触时，会分解出对人体有害的气体（光气）。

⑤ 如果制冷系统内的制冷剂不足时，不要运行压缩机。如果空调系统中制冷剂不足，则会缺少冷冻油润滑，并且可能损坏压缩机。

⑥ 压缩机中的冷冻油如果长时间不使用会凝结，再次使用的时候有可能会造成压缩机卡死。因此在不使用汽车空调的季节，最好一个月运转两次，每次10min左右。冬季气温过低时，可将保护开关电线短路，待维护运行完毕，再将电路恢复原样。

⑦ 使用汽车空调时，冷气温度不宜调得过低，这易使蒸发器表面结霜，形成风阻，从而造成压缩机液击现象。因此，若风机开在低速档，则冷气温度不宜调得过低。一般车厢内外温差在10℃以内为宜。

8.4.3 汽车空调系统的维护

平时做好空调系统的日常维护和定期维护，是保证系统性能和使用寿命的重要保证。在维护过程中能及时发现故障先兆，可及时采取措施消除隐患，充分发挥空调的作用，保证系统正常运行。

汽车空调系统的定期维护作业内容及要求见表8-4-1。

表8-4-1 空调系统的定期维护作业

部件	定期保养
压缩机	在压缩机运转情况下，检查其是否有异响，若有，说明压缩机的轴承、阀片、活塞环或其他部件有可能损伤或冷冻油过少；检查压缩机的高低压端有无温差；运转中，若压缩机有振动，应检查传动带的松紧度，同时还要检查冷冻油液面的高度
冷凝器、蒸发器	检查两者的清洁状况、通道是否畅通，以保证其能通过最大的通风量
膨胀阀	检查其有无堵塞，感温包与蒸发器出口管路是否贴紧；膨胀阀能否根据温度的变化自动调节制冷剂的供给量
高低压管	检查软管有无裂纹、鼓包、老化或破损现象，硬管是否有裂纹或渗漏现象，是否会碰到硬物或运动件，管道螺栓是否紧固
储液干燥器	检查易熔塞是否熔化，各接头处是否有油迹；正常工作时，其表面应无露珠或挂霜现象；每年四五月份维护期中，视需要更换干燥剂或干燥过滤器总成

（续）

部件	定期保养
电气系统	检查电磁离合器无打滑现象，低温保护开关在规定的气温下如能正常起动压缩机则说明其有故障；检查电线连接是否可靠
高低压开关	检查高、低压开关，高压开关在压力 2.2 MPa 时，应能自动接通声光报警电路并使电磁离合器断电，当压力小于 2 MPa 时应能自动复位；低压开关在压力小于 0.2 MPa 时，应能自动接通声光报警电路并使电磁离合器断电，当压力大于 0.2 MPa 时应能自动复位
冷凝器和蒸发器风机	检查冷凝器和蒸发器风机工作时有无异常响声，叶片有无破损，螺栓连接是否牢固，电动机轴承有无缺油现象
滤清器	检查空调的滤芯有无堵塞，定期更换空调的滤芯

8.5 汽车空调系统常见故障诊断与排除

8.5.1 汽车故障经验诊断法

维修人员一般先通过问、看、听、摸这些过程，了解和发现空调系统不正常的现象，从而进行诊断与排除。

1. 问情况

在接到空调系统有故障的车辆后，应先仔细向驾驶人询问故障情况，判断是操作不当，还是设备本身造成的故障。若属前者，则应向驾驶人详细介绍正确的操作方法；若属后者，就应进行综合分析，找出故障所在。

2. 看现象

用眼睛来观察整个空调系统。首先，应该观察空调系统整体状况：控制线路的连接状态，各部件的紧固程度，相关的电源、熔丝和继电器有无损坏，以确定系统的基本工作性能完好程度。其次，查看储液干燥器视液窗中制冷剂的流动状况，若流动的制冷剂呈雾状，且水分指示器呈淡红色，则说明制冷剂中含水量偏高；再次，查看系统中各部件与管路连接是否可靠密封，是否有微量的泄漏；最后，查看冷凝器是否被杂物封住，散热翅片是否倾倒变形。

3. 听响声

用耳朵聆听运转中的空调系统有无异常声音。首先，听压缩机电磁离合器有无发出刺耳噪声。若有噪声，则多为电磁离合器电磁线圈故障或间隙过大，造成离合器打滑而发出尖叫声。其次，听压缩机在运转中是否有液击声。若有此声，则多为系统内制冷剂过多。此现象对压缩机的危害很大，有可能损坏压缩机内部零件。此时应缓慢释放制冷剂至适量，及时排除故障。

4. 摸温度

在无温度计的情况下，可用手触摸空调系统各部件及连接管路的表面。触摸高压回路（压缩机出口→冷凝器→储液器→膨胀阀进口），应呈较热状态，若在某一部位特别热或进出口之间有明显温差，则说明此处有堵塞。触摸低压回路（膨胀阀出口→蒸发器→压缩机进口）应较冷。若压缩机高、低压侧无明显温差，则说明系统存在泄漏或制冷剂不足的问题。

8.5.2 空调系统不制冷和制冷效果不佳故障排除方法

汽车空调系统不能制冷，其故障原因及排除方法如表 8-5-1 所示。

汽车空调系统制冷效果不佳，也就是出风"不够凉"，其故障原因和排除方法如表 8-5-2 所示。

表 8-5-1 汽车空调不能制冷的故障原因及排除方法

故障原因	排除方法
熔断器烧断	查明原因排除，或更换熔断器
电路断路器故障	查清原因排除，或更换断路器
导线破损	修理或更换导线
导线折断	连接导线
导线腐蚀	清理、接上或更换接头
离合器线圈故障	更换离合器线圈
离合器电刷组件故障或磨损	更换电刷组件
风机电动机损坏	更换风机电动机
恒温开关损坏	更换恒温开关
低压控制器损坏	更换低压控制器
压缩机传送带松弛	张紧，注意不能过紧
传送带损坏	更换传送带
压缩机吸气阀板损坏	更换吸气阀板和密封垫
压缩机排气阀板损坏	更换排气阀板和密封垫
压缩机缸垫或阀板密封垫损坏	更换缸垫或阀板密封垫
压缩机损坏	修理或更换压缩机
制冷剂不足，或根本没有	更换轴封和垫、软管，查清漏点，并修复
管路或软管堵塞	清理更换管路或软管
膨胀阀进口滤网堵塞	清理滤网，更换干燥器
热力膨胀阀损坏	更换该阀
膨胀管堵塞	清理或更换膨胀管
储液干燥器滤网堵塞	更换储液干燥器
系统内湿气过多	更换储液干燥器，抽真空，充注制冷剂

表 8-5-2　汽车空调冷却效果不佳的故障原因及排除方法

故障原因	排除方法
风机电动机转得慢	坚固接头或更换电动机
离合器打滑；电压低	找出原因，并修理
离合器打滑；磨损过量	更换磨损严重的离合器零件
离合器循环离合过于频繁	调整或更换恒温开关，低压控制器
恒温开关故障	更换恒温开关
经过蒸发器的气流不畅	清理蒸发器，修理混风门
经过冷凝器的气流不畅	清理冷凝器，修理混风门
储液干燥器滤网部分堵塞	更换储液干燥器
膨胀阀滤网部分堵塞	清理滤网，更换膨胀阀
孔管滤网堵塞	清理滤网
压缩机进口滤网部分堵塞	清理滤网，查明原因并排除
膨胀阀感温包松动	清理接触处，捆紧感温包
膨胀阀感温包不保温	用软木和胶条保温
系统内有湿气	排除湿气，充注制冷剂
系统内有空气	排放系统，抽真空，充注制冷剂
系统内制冷剂过多	排除多余制冷剂
系统内冷冻油过多	排除多余冷冻油或换冷冻油
储液干燥器部分堵塞	更换储液干燥器
热力膨胀阀故障	更换热力膨胀阀
制冷剂不足	修理泄漏处，抽真空，充注制冷剂
冷却系统故障	找出原因，并排除

第 9 章 汽车照明、仪表报警信息系统

Chapter 9

9.1 汽车照明系统 　　　　　　　　192

9.2 汽车仪表报警信息系统 　　　　199

9.1 汽车照明系统

9.1.1 汽车照明系统原理

1. 汽车内、外照明系统的说明和操作

汽车内、外照明系统的说明和操作见表9-1-1。

表9-1-1 汽车内、外照明系统的说明和操作

前照灯	前照灯的远光和近光由操纵杆控制。当前照灯接通时，将操纵杆推离驾驶员直到听到"咔嗒"声，即从近光变为远光。在前照灯远光接通时，组合仪表总成上的指示灯启亮。将操纵杆朝驾驶员方向拉回，则从远光变为近光。如果继续朝驾驶员方向拉仍可以从近光变为远光
前照灯未关提醒蜂鸣器	当前照灯开关处于前照灯接通或位置灯接通位置时，而且当点火开关不在"ON（接通）""ACC（附件）"或"START（起动）"位置时，车身控制模块监测驾驶员车门状态，如果此时左前门打开，车身控制模块将使蜂鸣器鸣响
位置灯和转向信号灯	将照明开关转至第一个位置即可启亮位置灯。将点火开关转至"OFF（关闭）"位置即可关闭位置灯。在启用转向信号灯时，前后转向信号灯闪烁，发出转向信号。转向信号灯仅在点火开关接通时工作。转向信号灯由转向柱左侧的灯开关控制。往上或往下拨动操纵杆（超过止动点）将启亮前后转向信号灯。在转弯结束后，操纵杆返回水平位置，转向信号灯将自动停止闪亮
雾灯	前雾灯开关位于转向柱左侧的多功能操纵杆上；后雾灯开关位于仪表板中部、空调控制面板下方。当灯光开关接通时，通过向前旋转多功能操纵杆上的前雾灯开关，可以接通前雾灯，同时雾灯接通指示灯点亮。要使用后雾灯，必须先启亮前照灯（或位置灯），并在开启了前雾灯的情况下，按下后雾灯开关，开关上的指示灯启亮，指示后雾灯已经接通。再按该开关，便可关闭后雾灯。然后，指示灯熄灭
后组合灯	两厢车后位置灯、制动灯、后雾灯、转向信号灯和倒车灯为一个总成。三厢车的后雾灯为单独的总成
倒车灯	三厢车的倒车灯设置为两个，两厢车倒车灯位于右后组合灯内。当变速器处于倒档时将启亮。倒车灯由与变速器连接的倒档开关操纵
牌照灯	牌照灯在前照灯或位置灯启亮时点亮。牌照灯安装在牌照板上方
车灯控制模块	自动照明关闭功能将在驾驶员车门关闭数秒钟内关闭前照灯、位置灯、尾灯、牌照灯和仪表板照明灯。如果将车灯开关置于第一或第二位置，并拔出钥匙离开汽车，该功能将启用
车内门控灯	门控灯位于顶灯开关旁边。车内灯开关有三个位置。当开关处于中间位置时，只要打开车门，门控灯就会启亮，关闭车门，则门控灯熄灭。在"ON（接通）位置"时，门控灯将一直启亮，直到开关关闭。在"OFF（关闭）"位置时，即使有车门打开，门控灯也不会启亮
行李舱灯	对于三厢车，行李舱灯位于行李舱盖防磨板下方。对于两厢车，行李舱灯位于左侧车轮罩装饰板上。只要打开行李舱，灯就启亮

2. 汽车照明系统电气原理示意图

汽车照明系统电气原理示意图如图 9-1-1 所示。

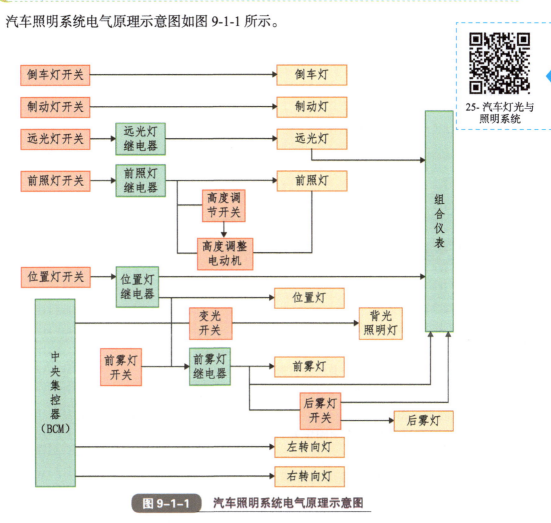

图 9-1-1　汽车照明系统电气原理示意图

3. 前照灯

前照灯俗称大灯或头灯，主要由灯泡、反射镜和配光镜 3 部分组成，装于汽车头部两侧，用于夜间行车时的道路照明。前照灯包括远光灯和近光灯两种。前照灯由灯光总开关控制，变光开关控制远近光变换。有的车还有超车灯开关控制远近光变换。

当灯光组合开关打到"前照灯"档时，工作电压由开关端子输出驱动前照灯继电器吸合，点亮前照灯。前照灯供电电压被传送到前照灯光轴调节开关和左、右前照灯光轴调节电动机，此时上下拨动调节开关能改变调节电动机的信号电压，从而实现前照灯的高度调节功能。

当灯光组合开关切换到远光位置时，工作电压由开关端子输出驱动远光灯继电器吸合点亮远光灯，同时远光灯供电电压被传送到组合仪表点亮远光指示灯。

前照灯常见故障现象及原因见表 9-1-2。

表 9-1-2 前照灯常见故障现象及原因

故障现象	可能的故障原因
一个灯不亮	该灯熔丝烧坏，线路故障
远光灯或近光灯都不亮	变光开关故障，线路接触不良，熔丝烧坏
前照灯都不亮	灯光组合开关或变光开关故障，电源和电源线故障，远光或近光灯的导线都断路，前照灯搭铁不良
一侧远光或者近光暗淡	灯丝功率过低，线路接触不良
一侧远近光都暗淡	反射镜、配光镜脏污，线路接触不良
前照灯都暗淡	电源电压过低，前照灯性能降低，线路接触不良
灯泡经常烧坏	发电机输出电压过高

9.1.2 汽车照明系统维修与故障诊断

1. 灯光组合开关的更换

① 断开蓄电池负极电缆。
② 拆卸驾驶员侧安全气囊。
③ 拆卸方向盘固定螺母①，并且断开多功能方向盘按键总成线束连接器②，然后取出方向盘（图9-1-2）。
④ 拆卸组合开关总成两颗固定螺钉（图9-1-3）。
⑤ 断开组合开关两处线束连接器，并取下组合开关（图9-1-4）。

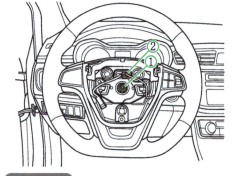

图 9-1-2 拆卸方向盘固定螺母和方向盘按键总成线束连接器

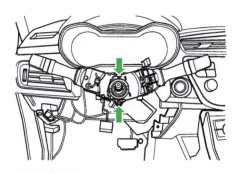

图 9-1-3 拆卸组合开关总成固定螺钉

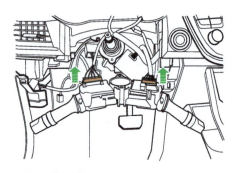

图 9-1-4 断开组合开关线束连接器

2. 前照灯的更换

① 断开蓄电池负极电缆。
② 拆卸前保险杠。
③ 拔出红色插销,断开前组合灯总成线束连接器(图9-1-5)。
④ 拆卸前组合灯下端两颗固定螺栓(图9-1-6)。
⑤ 拆卸前组合灯上端固定螺栓和固定螺钉并取下前组合灯(图9-1-7)。

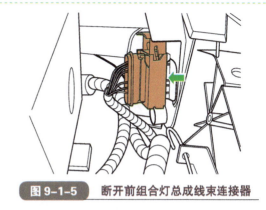

图9-1-5 断开前组合灯总成线束连接器

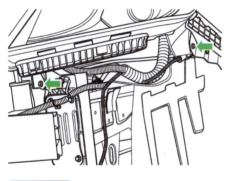

图9-1-6 拆卸前组合灯下端固定螺栓

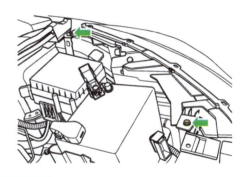

图9-1-7 拆卸前组合灯上端固定螺栓和固定螺钉

3. 汽车照明系统故障诊断

(1) 照明灯不亮

引起照明灯不亮的原因主要有灯泡灯丝烧坏,保护用的熔丝烧断,开关或灯光继电器损坏,线路断路或短路,导线接头脱落或者接触不良等。在故障检修时,应当按故障现象,根据电路图进行故障的分析及判断,确定故障范围,并且找出故障部位,接着用万用表或测试灯及直观检查的方法检修,将故障排除,如图9-1-8所示。

26- 远、近光灯泡的拆装

(2) 前照灯亮度不够

接通开关后,前照灯灯光暗淡,亮度不够,照射距离很近。

前照灯亮度不够的故障原因主要有:蓄电池充电不足,交流发电机输出电压过低;插接器接触不良;变光开关接触不良;灯泡使用时间过久,灯丝已经老化;反射镜积有灰尘或者被氧化。

前照灯亮度不够故障诊断与排除如图9-1-9所示。

27- 转向灯的检测与更换

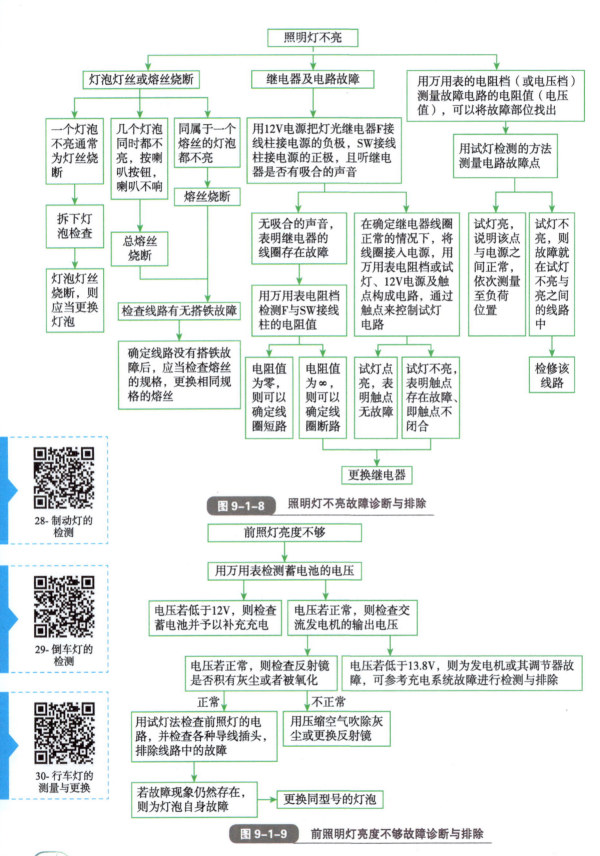

图 9-1-8 照明灯不亮故障诊断与排除

图 9-1-9 前照明灯亮度不够故障诊断与排除

(3)远近光灯都不亮

接通开关,远近光灯都不亮。

远近光灯都不亮的故障原因主要有:前照灯灯丝烧断;前照灯电源电路中熔丝烧断;前照灯电路断路或搭铁。

远近光灯都不亮故障诊断与排除如图 9-1-10 所示。

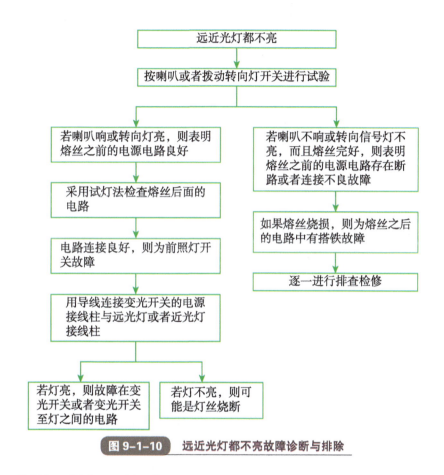

图 9-1-10　远近光灯都不亮故障诊断与排除

(4)前照灯一侧亮、一侧不亮

前照灯开关接通后,一侧前照灯亮度正常,而另一侧不亮。

前照灯一侧亮、一侧不亮的故障原因可能是不亮一侧的前照灯插接器或者搭铁线松脱、导线断路或搭铁、灯泡烧坏等。

前照灯一侧亮、一侧不亮故障诊断与排除如图 9-1-11 所示。

(5)倒车灯不工作

倒车时,倒车灯不亮。

倒车灯不工作的故障原因有:倒车灯的灯泡损坏;倒车灯开关损坏;线路有断路。

倒车灯不工作故障诊断与排除如图 9-1-12 所示。

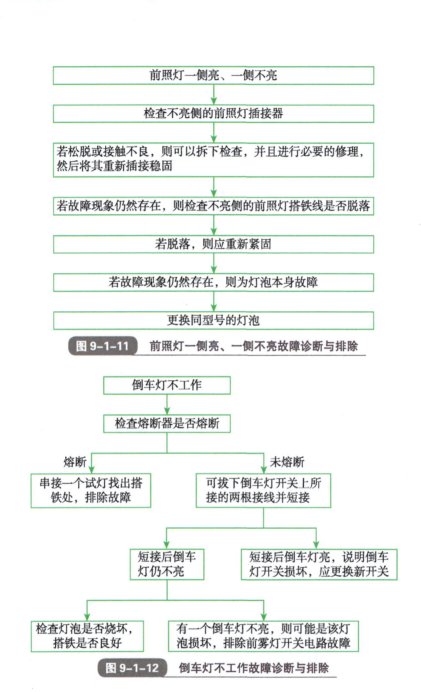

图 9-1-11　前照灯一侧亮、一侧不亮故障诊断与排除

图 9-1-12　倒车灯不工作故障诊断与排除

（6）转向信号灯不亮

打开点火开关（转向信号灯工作受点火开关控制的车辆），接通转向信号灯开关，转向信号灯不亮。

转向信号灯不亮的故障原因主要有：熔丝熔断、电源线路断路或灯光系统中有短路处；闪光继电器损坏；转向信号灯开关损坏。

转向信号灯不亮故障诊断与排除如图 9-1-13 所示。

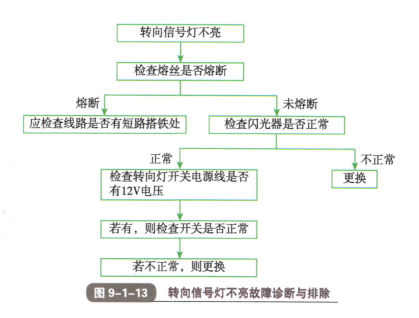

图 9-1-13　转向信号灯不亮故障诊断与排除

9.2　汽车仪表报警信息系统

9.2.1　电子组合仪表的作用与组成

1. 电子组合仪表的作用

电子组合仪表板一般有三组由计算机控制的独立液晶显示器，分别用来显示车速、油耗、发动机转速、燃油存量、机油压力、冷却液温度、累计行驶里程及平均油耗等信息，同时驾驶员信息中心还有一套警告灯系统，用来指示机油压力、冷却液温度、冷却液液面高度、蓄电池充电电压、制动蹄片磨损、灯泡故障及车门未关等异常情况。汽车电子组合仪表如图 9-2-1 所示，一般有数字显示、模拟显示、指示灯亮灭显示三种显示方式。

31- 汽车仪表信息系统

图 9-2-1　汽车电子组合仪表

2. 汽车警告灯符号

汽车警告灯系统常见符号见表 9-2-1。

表 9-2-1　汽车警告灯系统常见符号

序号	图形	名称	颜色	作用
1		ESP 系统异常警告灯	黄	ESP 系统异常时灯亮
2		机油压力警告灯	红	发动机机油压力在 0.03MPa 以下时灯亮
3		充电指示灯	红	发电机不发电时灯亮
4		预热指示灯	黄	点火开关闭合时灯亮，预热结束时灯灭
5		远光指示灯	蓝	使用前照灯远光时灯亮
6		前雾灯指示灯	绿	使用前雾灯时灯亮
7		转向指示灯	绿	开转向灯时灯亮
8		驻车制动器指示灯	红	驻车制动器起作用时灯亮
9		车轮制动器失效警告灯	红	制动器失效时灯亮
10		燃油不足警告灯	黄	燃油余量约在 10L 以下时灯亮
11		安全带警告灯	红	安全带未系时灯亮
12		车门未关警告灯	红	车门打开或半开时灯亮
13		行李舱盖未关闭指示灯	红	行李舱盖打开或半开时灯亮
14		洗涤器液面过低警告灯	黄	洗涤器液面过低时灯亮
15		安全气囊警告灯	红	安全气囊故障时灯亮
16		ABS 警告灯	黄	ABS 电控部分有故障时灯亮
17		发动机故障警告灯	黄	发动机电控系统有故障时灯亮
18		定速巡航工作指示灯	绿	当定速巡航装置处于工作状态时灯点亮

(续)

序号	图形	名称	颜色	作用
19		冷却液温度警告灯	红	冷却液温度过高时灯亮
20		转向系统故障警告灯	红	转向系统故障时灯亮
21		霜冻警示灯	红	说明车外温度过低,小心在结冰路面打滑,汽车要启用防冻功能
22		胎压监控系统警告灯	黄	轮胎轻微失压时灯亮
23		胎压监控系统警告灯	红	轮胎严重失压时灯亮
24		制动摩擦片磨损过度警告灯	黄	制动摩擦片磨损超过极限时灯亮
25		灯泡故障指示灯	黄	如某一转向信号灯(前部或后部)、某一前照灯、倒车灯、某一前雾灯或后雾灯失灵时灯亮
26		机油油位过低警告灯	黄	机油油位过低时灯亮
27		机油传感器故障警告灯	黄	机油传感器故障时灯亮

3. 电子仪表电控系统的组成

电子仪表的电控系统原理如图9-2-2所示。电控系统接收来自不同传感器的模拟信号或数字信号,通过接口电路、中央处理器、输出驱动电路,最后控制电子仪表的显示器。对于控制电子仪表的计算机,有的车型采用车身计算机来控制电子仪表,而有些车型采用单独的计算机控制电子仪表。

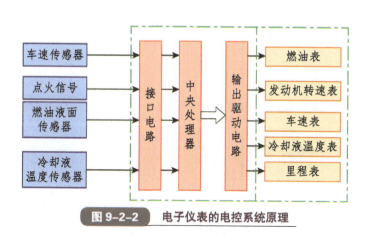

图9-2-2 电子仪表的电控系统原理

9.2.2 电子组合仪表更换

组合仪表由微处理器控制，具有极强的自诊断功能，如果发生故障会把故障码存入组合仪表的故障存储器里，用解码仪可以读出这些故障。如果组合仪表有故障，应整体更换组合仪表。

① 断开蓄电池负极电缆。
② 拆卸组合仪表装饰罩总成（图9-2-3）。
③ 拆卸左下挡脚板。
④ 拆卸仪表板左下护板总成。
⑤ 拆卸仪表板中部装饰板。
⑥ 拆卸左侧出风口总成。
⑦ 拆卸转向管柱罩盖。
⑧ 调整方向盘到最低位置，拆卸组合仪表4颗固定螺钉（图9-2-4）。
⑨ 断开组合仪表连接器（图9-2-5）。

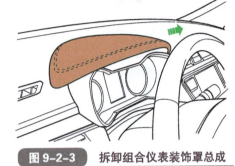

图9-2-3 拆卸组合仪表装饰罩总成

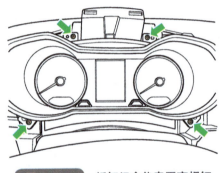

图9-2-4 拆卸组合仪表固定螺钉

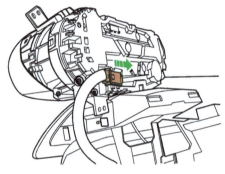

图9-2-5 断开组合仪表连接器

⑩ 拆卸转向管柱上罩与组合仪表的6个固定卡子（图9-2-6）。
⑪ 取出组合仪表总成（图9-2-7）。

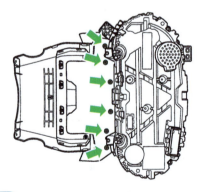

图9-2-6 拆卸转向管柱上罩与组合仪表的6个固定卡子

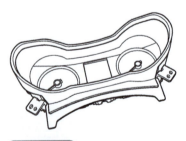

图9-2-7 取出组合仪表总成

⑫ 安装步骤以拆卸倒序进行。螺栓拧紧力矩：1.5N·m。

第10章 汽车电动辅助系统

Chapter 10

10.1	汽车电动座椅	204
10.2	电动门窗	207
10.3	电动后视镜	211
10.4	刮水器/洗涤器系统	214

10.1 汽车电动座椅

10.1.1 汽车电动座椅概述

汽车电动座椅的主要功能是为驾驶员提供便于操作、舒适而安全的驾驶位置，为乘客提供不易疲劳、舒适而又安全的乘坐位置。电动座椅一般由电动机（包含升降调节电动机、滑动调节电动机等）、调节开关、传动机构等组成，部分车型电动座椅还带有座椅加热及通风等功能，如图10-1-1所示。

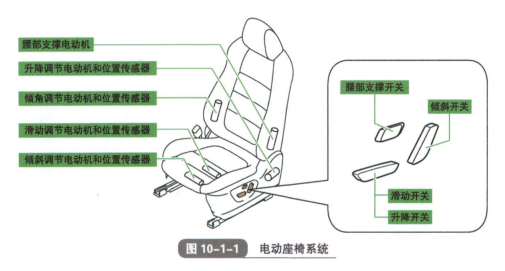

图 10-1-1 电动座椅系统

当按动某一按钮时，电流就由蓄电池出发，经过所操作的开关进入相应的电动机，最后到达接地点，电动机获得电流开始旋转，带动传动机构运动，进行调节；当驾驶员松开按钮后，调节动作终止。电动机的旋转运动，通过传动机构改变座椅的空间位置。

1. 高度（升降）调整

高度调整机构由蜗杆轴、蜗轮、齿条、心轴等组成，调整时，蜗杆轴在电动机的驱动下带动蜗轮转动，从而保证心轴旋进或旋出，实现座椅的上升或下降。

2. 前后（滑动）调整

纵向调整机构由蜗杆、蜗轮、齿条、导轨等组成，齿条装在导轨上。调整时，电动机转矩经蜗杆传至机构端的蜗轮，经导轨上的齿条，带动座椅向前或向后移动。

3. 靠背倾斜调整

靠背调整机构由两个调整齿轮与连杆组成。调整时，电动机带动两侧的调整齿轮转动，调整齿轮与连杆联动，通过连杆的动作可调整靠背倾斜度。

10.1.2 汽车电动座椅更换与常见故障排除方法

1. 驾驶员电动座椅的拆卸

① 拆卸左前座椅头枕。

② 用合适的工具拆卸左前电动座椅前部安装支架装饰罩（图 10-1-2）。

③ 用合适的工具拆卸左前电动座椅后部左侧安装支架装饰罩（图 10-1-3）。

④ 将座椅调动至前方，按照顺序拆卸座椅后侧固定螺栓①、②（图 10-1-4）。

⑤ 按照顺序拆卸前排座椅前侧固定螺栓①、②（图 10-1-5）。

⑥ 断开蓄电池负极电缆。

⑦ 将座椅向后掀，断开座椅下方的线束连接器（图 10-1-6）。

⑧ 取下前座椅。

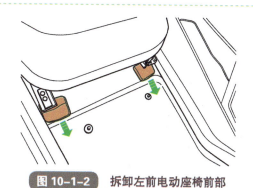

图 10-1-2 拆卸左前电动座椅前部安装支架装饰罩

32- 电动座椅拆装

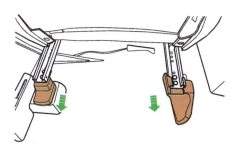

图 10-1-3 拆卸左前电动座椅后部左侧安装支架装饰罩

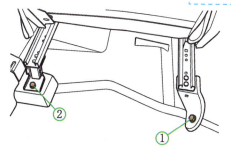

图 10-1-4 拆卸座椅后侧固定螺栓

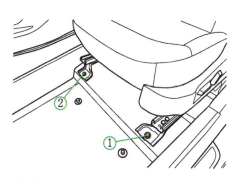

图 10-1-5 拆卸前排座椅前侧固定螺栓

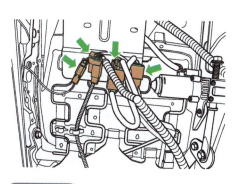

图 10-1-6 断开座椅下方的线束连接器

2. 驾驶员电动座椅升降调节电动机的拆卸

① 拆卸左前电动座椅。

② 断开左前电动座椅升降调节电动机线束连接器（图 10-1-7）。

③ 拆卸左前电动座椅升降调节电动机上的固定螺钉（图 10-1-8），并取下左前电动座椅升降调节电动机。

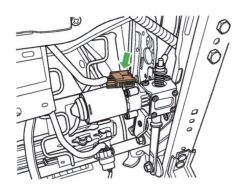

图 10-1-7 断开左前电动座椅升降调节电动机线束连接器

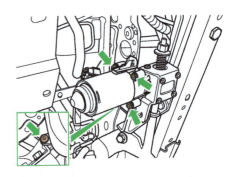

图 10-1-8 拆卸左前电动座椅升降调节电动机上的固定螺钉

3. 汽车电动座椅系统常见故障原因及排除方法

汽车电动座椅系统常见故障原因及排除方法如表 10-1-1 所示。

表 10-1-1 汽车电动座椅系统常见故障原因及排除方法

故障现象	故障原因	解决办法
所有电动座椅都不能动	电动座椅电路断路器损坏（或熔丝失效）	检修
	搭铁不良或搭铁线路断路	检测、维修
一个电动座椅不能动	该电动座椅的输入电源线路断路或接触不良	检修
	该电动座椅的搭铁不良或线路断路	检修
	开关失效	更换新件
电动座椅前、后端不能垂直升降或整个座椅不能垂直升降	前垂直调节电动机、后垂直调节电动机的连接线路故障	检查线路接头是否接触牢固
	前垂直调节电动机、后垂直调节电动机故障	检测电动机
	控制开关失效	更换控制开关
	传动装置失效	检修传动装置
	调整不当	重新调整
电动座椅不能前移或后移	水平电动机的连接线路故障	检查线路接头是否接触牢固
	水平电动机故障	检查电动机
	前进、后退开关故障	在前进、后退档位切换的情况下检测开关输出端是否有电压
	传动装置失效	检修传动装置

10.2 电动门窗

10.2.1 电动门窗基本组成

电动门窗可使驾驶员和乘客坐在座位上,利用开关使车门玻璃自动升降,操作简单便利,有利于行车安全。电动车窗主要由车窗电动机、车窗升降调节器和控制开关等原件组成,如图 10-2-1 所示。

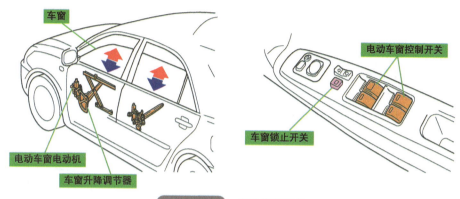

图 10-2-1　电动门窗系统

1. 电动机

电动车窗一般使用双向永磁式电动机,每个车窗一般装一个。按下或抬起电动车窗开关,电动机正向或反向转动,通过传动机构将动力传给车窗升降调节器,使车窗玻璃升高或降低。

33- 电动车窗检测

2. 升降调节器

汽车升降调节器的常见类型有绳索式、交叉臂式,如图 10-2-2 所示。

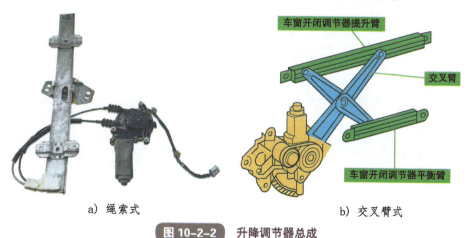

a) 绳索式　　　　　　　　b) 交叉臂式

图 10-2-2　升降调节器总成

3. 控制开关

电动车窗控制开关（图 10-2-1）分为主控开关（驾驶员侧）和分控开关（各乘客侧）。主控开关上的各车窗控制开关可控制相应车窗的升降，具有"Auto"功能的驾驶员侧车窗开关还可实现该侧车窗的自动升降功能。车窗锁止开关可切断各分控开关的控制功能。分控开关只能控制对应的车窗的升降。

10.2.2 电动门窗拆卸及常见故障诊断

1. 电动门窗玻璃总成的拆卸

这里以左前电动门窗玻璃总成的拆卸为例，右前电动门窗拆卸方法相同。
① 断开蓄电池负极电缆。
② 拆卸左前门内饰板。
③ 拆卸内拉手支架固定螺栓（图 10-2-3）。
④ 断开低音扬声器线束连接器（图 10-2-4）。

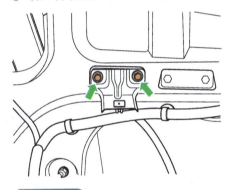

图 10-2-3　拆卸内拉手支架固定螺栓

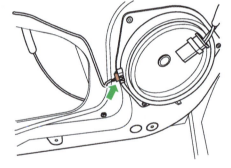

图 10-2-4　断开低音扬声器线束连接器

⑤ 揭下挡水膜（图 10-2-5）。
⑥ 取下玻璃内密封条（图 10-2-6）。

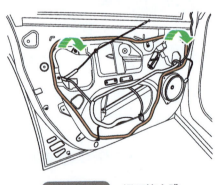

图 10-2-5　揭下挡水膜

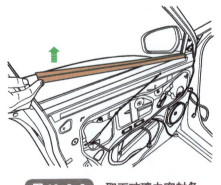

图 10-2-6　取下玻璃内密封条

⑦ 松开左前车门玻璃升降器上的固定螺栓，能让车门玻璃取下即可（图 10-2-7）。

注意： 应先将车门玻璃升到合适的高度再断开蓄电池负极，以便于拆卸。拆卸玻璃固定螺栓时，必须扶着车门玻璃。

⑧ 取出左前车门玻璃总成（图10-2-8）。

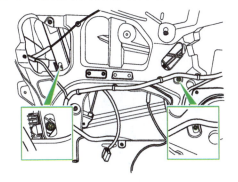

图10-2-7　松开左前车门玻璃升降器上的固定螺栓

图10-2-8　取出左前车门玻璃总成

2. 玻璃升降器总成拆卸

这里以左前电动门窗玻璃升降器的拆卸为例，其他几个车门玻璃升降器可参考左前电动门窗玻璃升降器的拆装方法。

① 断开蓄电池负极电缆。
② 拆卸前门内饰板。
③ 拆卸车门玻璃总成。
④ 断开车门玻璃升降器总成线束连接器（图10-2-9）。
⑤ 拆卸车门玻璃升降器总成上的固定螺栓①和固定螺母②（图10-2-10），然后取下车门玻璃升降器总成（图10-2-11）。

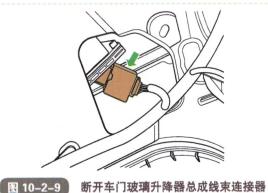

图10-2-9　断开车门玻璃升降器总成线束连接器

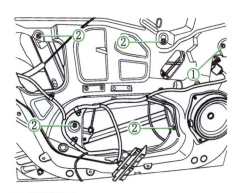

图10-2-10　拆卸固定螺栓①和固定螺母②

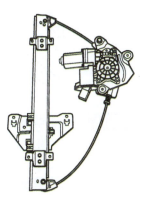

图10-2-11　取下车门玻璃升降器总成

3. 电动门窗玻璃升降器线束供电检查

点火开关关闭，断开电动门窗玻璃升降器总成线束。试灯夹子搭铁，打开点火开关，操纵玻璃升降器开关总成，试灯探头分别检查线束插接器供电，如图10-2-12所示。试灯点亮说明供电正常，试灯不亮应检查熔丝和玻璃升降器开关总成。

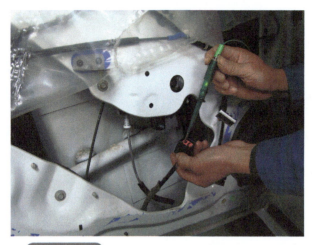

图10-2-12 电动门窗玻璃升降器线束供电检查

4. 电动门窗主开关拆卸

驾驶员侧电动门窗主开关拆卸步骤如下：
① 断开蓄电池负极电缆。
② 拆卸橡胶垫。
③ 拆卸驾驶员侧玻璃升降器开关面板的固定螺钉（图10-2-13）。
④ 用合适工具拆卸驾驶员侧玻璃升降器控制开关带面板总成（图10-2-14）。

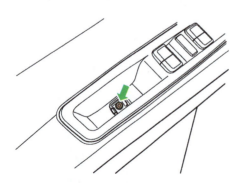

图10-2-13 拆卸驾驶员侧玻璃升降器开关面板的固定螺钉

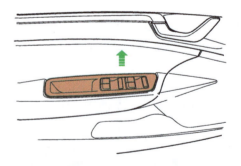

图10-2-14 拆卸驾驶员侧玻璃升降器控制开关带面板总成

5. 电动门窗常见故障及排除方法

电动门窗常见故障及排除方法如表10-2-1所示。

表 10-2-1 电动门窗常见故障及排除方法

故障现象	故障原因及部位	处理方法
门窗不能上升到最顶部	导槽有异物、升降器异常	清理导槽异物、检修升降器故障
门窗上升/下降时异响	玻璃导槽异常、升降器异常	检修玻璃导槽和升降器
门窗不能上升/下降	开关、升降电动机、相关线束异常	检修开关，更换升降电动机、检查相关线束
门窗防夹功能不正常/失效	初始化失败	执行门窗初始化操作
所有玻璃升降器不工作	玻璃升降器开关总成、线束异常	更换玻璃升降器开关总成、检查相关线束

10.3 电动后视镜

10.3.1 电动后视镜基本组成

汽车后视镜的位置直接关系到驾驶员能否观察到后方情况，与行车安全有着密切的关系。越来越多的汽车采用电动后视镜，通过开关进行调节，操作方便。汽车的电动后视镜一般由镜片、电动机总成、壳体等组成，如图 10-3-1 所示，后视镜的操作开关一般安装在左前车门或仪表台上。

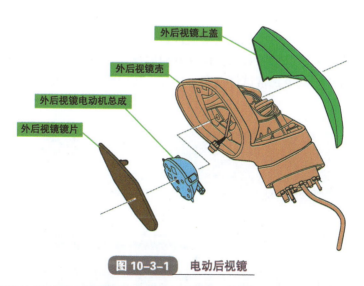

图 10-3-1　电动后视镜

在每个后视镜镜片的背后都有两个双向电动机，可操纵其上下及左右运动。通常上下方向的倾斜运动由一个电动机控制，左右方向倾斜运动由另一个电动机控制。通过改变电动机的电流方向，即可完成后视镜的位置调整。有的电动后视镜还有伸缩功能，伸缩开关控制伸缩电动机工作，使整个后视镜伸出或缩回。

10.3.2 电动后视镜拆卸及常见故障诊断

1. 电动后视镜总成的拆卸

34-外后视镜开关总成的检查

① 断开蓄电池负极电缆。
② 拆卸前门内饰板。
③ 断开电动后视镜线束连接器（图10-3-2）。
④ 拆卸电动后视镜上的固定螺母，取下电动后视镜总成（图10-3-3）。

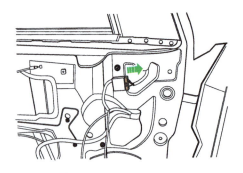

图10-3-2　断开电动后视镜线束连接器

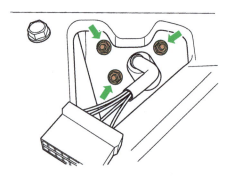

图10-3-3　拆卸电动后视镜上的固定螺母

2. 电动后视镜线束供电检查

点火开关关闭，断开电动后视镜线束插接器。试灯夹子搭铁，打开点火开关，操纵电动室外后视镜调节开关，试灯探头依次检查电动后视镜左右、上下调节电动机供电是否正常，如图10-3-4所示。供电正常试灯点亮，试灯不亮说明供电不正常，应检查熔丝及调节开关。

35-左侧外后视镜总成的拆装

图10-3-4　电动后视镜线束供电检查

3. 电动后视镜调节开关拆卸

① 断开蓄电池负极电缆。
② 拆卸继电器盒盖板（图 10-3-5）。
③ 从仪表左下护板后面拆卸仪表台开关组总成（图 10-3-6）。

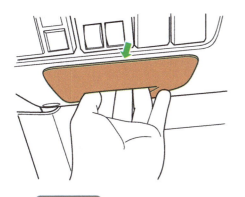

图 10-3-5　拆卸继电器盒盖板

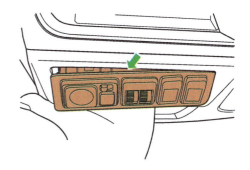

图 10-3-6　拆卸仪表台开关组总成

④ 断开电动后视镜调节开关线束连接器（图 10-3-7）。
⑤ 取下电动后视镜调节开关（图 10-3-8）。

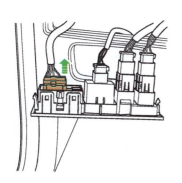

图 10-3-7　断开电动后视镜调节开关线束连接器

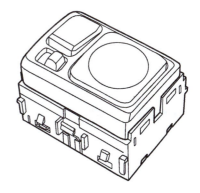

图 10-3-8　取下电动后视镜调节开关

4. 电动后视镜常见故障及原因

电动后视镜常见故障及原因见表 10-3-1。

表 10-3-1　电动后视镜常见故障及原因

故　　障	故障原因及部位
左右两个电动后视镜均不工作	熔丝熔断、搭铁不良、后视镜开关损坏、电动机损坏等
一侧电动后视镜不工作	搭铁不良、后视镜开关损坏、电动机损坏等
一侧电动后视镜上下方向不能调节	搭铁不良、上下调整电动机损坏等
一侧电动后视镜左右方向不能调节	搭铁不良、左右调节电动机损坏等

10.4 刮水器/洗涤器系统

10.4.1 刮水器/洗涤器系统基本组成

36-汽车刮水器系统

汽车刮水器/洗涤器系统是汽车的标准配置,主要用于清洗和刮除风窗玻璃上的雨水、雪和灰尘,以保证驾驶员的视觉效果。有的汽车前照灯也有刮水器和洗涤器系统,以保证雨雪天气尤其是夜间的行车安全。电动刮水器/洗涤器系统在汽车上的位置如图10-4-1所示。

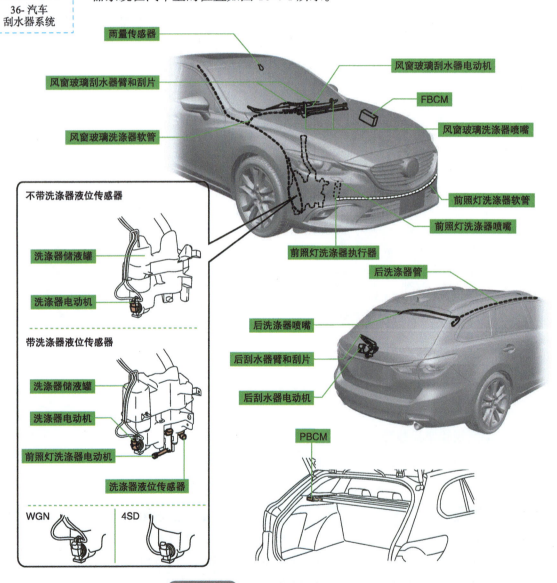

图10-4-1 电动刮水器/洗涤器系统位置

1. 刮水器

电动刮水器的基本组成如图 10-4-2 所示，它一般安装在风窗玻璃的下部。刮水器电动机安装在底板上，刮水器连接杆连接刮水器片总成（由刮水器臂、刮水器片等组成）。

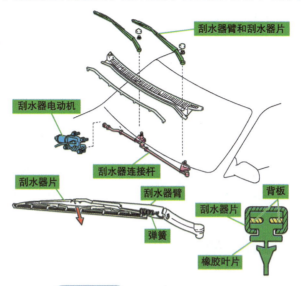

图 10-4-2　电动刮水器基本组成

37- 洗涤液检查与加注

当驾驶员按下刮水器的开关时，电动机起动，电动机旋转运动经过蜗轮蜗杆的减速增矩作用，由轴端的蜗杆传给蜗轮，蜗轮上的偏心销钉与连杆连接，蜗轮转动时通过连杆使摆杆摆动，然后经连杆使刮水器臂带动刮水器片总成往复运动，从而实现对风窗玻璃的刮扫。

部分车型的刮水器加装有电子调速器，该调速器附带雨量感应功能，能根据雨量的大小自动调节刮水器臂的摆动速度，雨大时刮水器臂转得快，雨小时刮水器臂转得慢，雨停时刮水器臂也停止转动。奥迪 A6 汽车上使用的刮水器就具有根据雨量大小自动调节刮水器臂转动速度的功能，它将雨量传感器与刮水器电动机集成在同一个壳体内。

2. 洗涤器

风窗玻璃洗涤器的组成如图 10-4-3 所示，它主要由储液罐、洗涤泵、软管、喷嘴等组成。

洗涤泵一般由永磁直流电动机和离心叶片泵组装成为一体，喷射压力可达 70~88kPa。洗涤泵大多数直接安装在储液罐上，但也有安装在管路内的。洗涤泵喷嘴安装在风窗玻璃的下面，喷水直径一般为 0.8~1.0 mm，大多数车型的喷嘴方向可以根据使用情况进行调整，能够使洗涤液喷射在风窗玻璃的适当位置。

洗涤泵的连续工作时间不应超过 1min。对于刮水器和洗涤器分别控制的汽车，应先开启洗涤泵，再接通刮水器。喷水停止后，刮水器应继续刮动 3~5 次，以达到更好的清洁效果。

38- 刮水器的检查与更换

39- 刮水器电动机的检测

3. 开关

刮水器与洗涤器开关组合在一起，安装在方向盘右下方。刮水器和洗涤器开关操纵杆端部旋钮有 OFF（关闭）、INT（间歇）、LO（低速）、HI（高速）、PULL（洗涤器洗涤操作）、MIST（手动工作）这 6 种工作档位，当旋钮转到某档位时，刮水器便做相应的动作，将操纵杆向上抬时，洗涤泵工作，洗涤液喷出。

开关上各档代表不同的工作模式。其中，间歇控制档一般是通过电动机的复位开关触点与电阻电容的充放电功能，使刮水器以一定周期进行刮扫，即每动作 1 次停止 2~12s，以此减少对驾驶员的干扰。

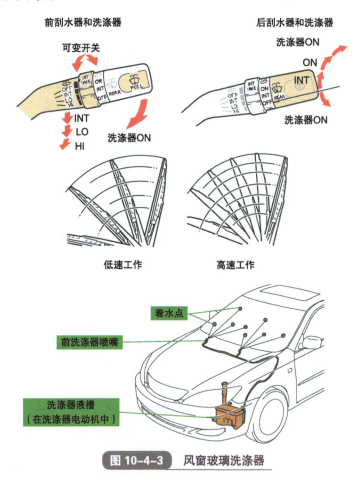

图 10-4-3　风窗玻璃洗涤器

10.4.2　刮水器/洗涤器系统拆卸检测及常见故障诊断

1. 前刮水器片的更换

① 抬起刮水器臂，按压刮水器片释放卡扣（图 10-4-4）。

② 向外拉动刮水器片，从刮水器臂弯头中脱出并取下刮水器片（图 10-4-5）。

图 10-4-4　按压刮水器片释放卡扣

图 10-4-5　取下刮水器片

③拆卸刮水器片后，在风窗玻璃上放上毛巾，防止刮水器臂砸伤风窗玻璃（图 10-4-6）。

图 10-4-6　刮水器片拆卸后的处理

2. 刮水器臂的拆卸

①打开发动机舱盖。
②拆卸刮水器臂紧固螺栓（图 10-4-7）。

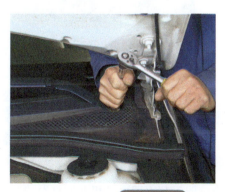

图 10-4-7　拆卸刮水器臂紧固螺栓

③取下刮水器臂（图 10-4-8）。

图 10-4-8　取下刮水器臂

3. 刮水器电动机及连杆总成拆卸

① 用旋具依次撬出通风盖板卡扣，并取下通风盖板（图 10-4-9）。

图 10-4-9　拆卸通风盖板

② 断开刮水器电动机总成线束连接器（图 10-4-10）。

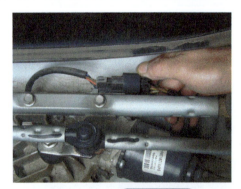

图 10-4-10　断开刮水器电动机线束连接器

③ 拆卸刮水器电动机及连杆总成固定螺栓，取下刮水器电动机及连杆总成。

4. 刮水器电动机线束的检查

关闭点火开关，将试灯夹在搭铁上，试灯探头和刮水器线束侧插接器连接，如图 10-4-11

所示；打开点火开关，操纵刮水器开关，检查试灯是否点亮，试灯点亮表明线束连接正常，试灯不亮表明线束故障，可检查熔丝是否熔断及线束自身是否断路。

图 10-4-11　刮水器线束的检查

5. 刮水器/洗涤器系统常见故障及原因

刮水器/洗涤器系统常见故障及故障原因如表 10-4-1 所示。

表 10-4-1　刮水器/洗涤器系统常见故障及故障原因

症状	怀疑部位
刮水器在任何档位下都不工作	继电器
	熔丝
	风窗玻璃刮水器开关总成
	风窗玻璃刮水器电动机总成
	线束或连接器
刮水器在高速档不工作	风窗玻璃刮水器开关总成
	风窗玻璃刮水器电动机总成
	线束或连接器
刮水器在低速档不工作	风窗玻璃刮水器开关总成
	风窗玻璃刮水器电动机总成
	线束或连接器
刮水器在间隙档不工作	风窗玻璃刮水器开关总成
	风窗玻璃刮水器电动机总成
	线束或连接器
前洗涤器不工作	风窗玻璃洗涤器电动机总成
	线束或连接器

第11章 汽车中控门锁、防盗系统

Chapter 11

11.1　汽车中控门锁系统　　222

11.2　防盗系统　　226

11.1 汽车中控门锁系统

11.1.1 中控门锁系统基本组成

中控门锁系统是中央控制门锁系统的简称，主要由控制部分和执行部分组成，如图 11-1-1 所示。中控门锁系统是通过门锁控制开关和钥匙的操作控制电动机，同时控制所有车门关闭与开启的装置，其作用是增加汽车使用的方便性和安全性。

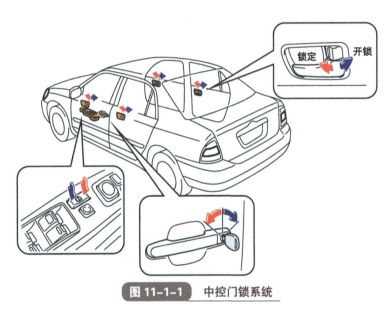

图 11-1-1 中控门锁系统

1. 中控门锁系统

1）门锁控制开关。门锁控制开关一般安装在驾驶员侧前门内的扶手上，通过门锁控制开关可以同时锁上和打开所有的车门，如图 11-1-2 所示。

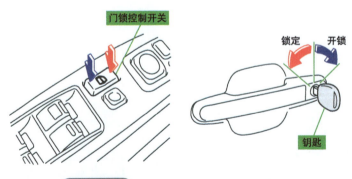

图 11-1-2 门锁控制开关与钥匙控制开关

2）钥匙控制开关。钥匙控制开关装在左前门和右前门的外侧锁上，如图 11-1-2 所示。当从车外用车门钥匙开门或锁门时，钥匙控制开关便发出开门或锁门信号给门锁控制 ECU，实现车门打开或锁止。

3）门控开关。门控开关用来检测车门开闭的情况。车门打开时，门控开关接通；车门关闭时，门控开关断开。

4）门锁执行机构。中控门锁用电磁驱动方式进行门锁的开启与关闭。目前门锁执行机构主要有电磁线圈式和直流电动机式。

① 电磁线圈式门锁执行机构采用双电磁线圈，在锁门时，给电磁线圈加正向电流，衔铁带动连杆左移，扣住门锁舌片；开门时，给电磁线圈加正向电流，衔铁带动连杆左移，脱离门锁舌片。

② 直流电动机式门锁执行器（图 11-1-3）的连杆由可逆转的直流电动机驱动，利用电动机的正转和反转完成锁门和开门的动作。

5）门锁连杆操纵机构。当门锁电动机（或其他执行机构）运转时，通过门锁连杆操纵门锁锁定或开启。

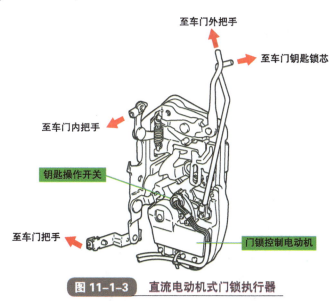

图 11-1-3　直流电动机式门锁执行器

2. 遥控中控门锁系统

遥控中控门锁系统也称无钥匙进入系统。它的作用是从远处锁止和解锁所有车门，为驾驶员提供便利，如图 11-1-4 所示。遥控中控门锁系统是在普通中控门锁系统的基础上增加手持遥控发射器（遥控器）、车门控制接收器、集成继电器（含防盗 ECU）等部件。

遥控器有分开型和组合型两种。组合型遥控器的发射天线由钥匙板兼任。身份代码存储器中存储的身份代码通过输出部分经由发射天线发射出去。车门控制接收器对接收的信号进行放大和调制后，发送给防盗 ECU，防盗 ECU 检查身份代码是否相符，当代码一致时，驱动相应的执行器。

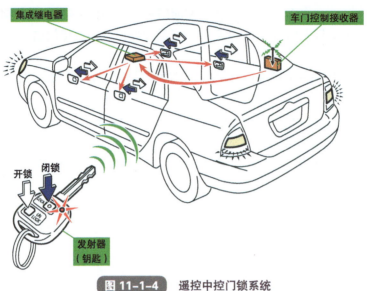

图 11-1-4　遥控中控门锁系统

11.1.2　中控门锁系统拆卸及常见故障诊断

1. 前门锁总成拆卸

这里以左前门锁总成为例,其他车门锁可参考。
① 断开蓄电池负极电缆。
② 拆卸左前门内饰板。
③ 拆卸左前门锁体总成上的固定螺钉(图 11-1-5)。
④ 揭下挡水膜(图 11-1-6)。

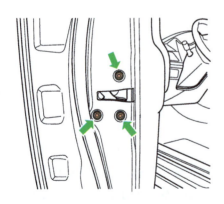

图 11-1-5　拆卸左前门锁体总成上的固定螺钉

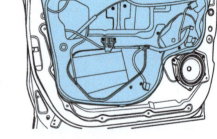

图 11-1-6　揭下挡水膜

⑤ 拆卸门内开启拉线①、门外开启拉杆②和锁芯拉杆③(图 11-1-7)。
⑥ 断开左前车门锁体总成线束连接器(图 11-1-8)。
⑦ 取下左前车门锁体总成。

第 11 章　汽车中控门锁、防盗系统

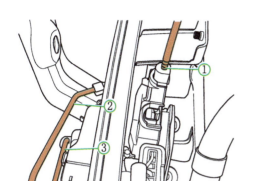

图 11-1-7　拆卸门内开启拉线①、门外开启拉杆②和锁芯拉杆③

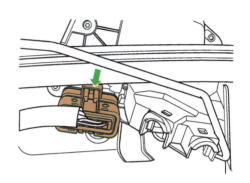

图 11-1-8　断开左前车门锁体总成线束连接器

2. 行李舱锁总成拆卸

①断开蓄电池负极电缆。

②拆卸行李舱门内装饰板。

③断开行李舱锁总成线束连接器（图 11-1-9）。

④拆卸行李舱锁总成上的固定螺栓（图 11-1-10）。

⑤取下行李舱锁总成（图 11-1-11）。

图 11-1-9　断开行李舱锁总成线束连接器

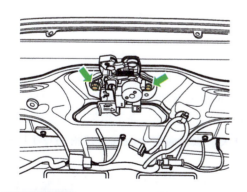

图 11-1-10　拆卸行李舱锁总成上的固定螺栓

图 11-1-11　取下行李舱锁总成

3. 中控门锁系统常见故障及排除方法

中控门锁系统常见故障及排除方法如表 11-1-1 所示。

表 11-1-1　中控门锁系统常见故障及排除方法

故障症状	怀疑故障部位	排除方法
机械钥匙不能锁/开车门	①中控门锁的电源故障 ②左前门锁机内的开/闭锁开关接触不良 ③线束插头接触不良 ④相关接地点接触不良 ⑤线束故障 ⑥中控门锁电动机故障 ⑦车身控制模块（BCM）故障	①检修电源线路 ②检修线束、插头 ③检修接地点故障 ④更换门锁电动机总成 ⑤检修 BCM，必要时更换 BCM
中控锁开关不能锁/开车门	①中控门锁的电源故障 ②左前玻璃升降开关总成上的中控门锁开关故障 ③线束插头接触不良 ④相关接地点接触不良 ⑤线束故障 ⑥中控门锁电动机故障 ⑦BCM 故障	①检修电源线路 ②检修线束、插头 ③检修接地点故障 ④检修左前门玻璃升降开关 ⑤更换门锁电动机总成 ⑥检修 BCM，必要时更换 BCM
只有左前门锁不能锁/开车门	①中控锁的电源故障 ②左前门锁线束插头接触不良 ③左前门锁接地点接触不良 ④线束故障 ⑤左前门中控门锁电动机故障 ⑥BCM 故障	①检修电源线路 ②检修线束、插头 ③检修接地点故障 ④更换门锁电动机总成 ⑤检修 BCM，必要时更换 BCM
遥控器不能锁/开车门	①使用环境有电磁干扰 ②遥控器故障 ③中控门锁的电源故障 ④线束插头接触不良 ⑤相关接地点接触不良 ⑥线束故障 ⑦中控门锁电动机故障 ⑧BCM 故障	①移动至无干扰的环境中使用 ②检修遥控器电池，必要时更换遥控器 ③检修电源线路 ④检修线束、插头 ⑤检修接地点故障 ⑥更换门锁电动机总成 ⑦检修 BCM，必要时更换 BCM

11.2 防盗系统

40- 汽车防盗系统

防盗系统和中控门锁系统让汽车的使用更加方便和安全，两者是既相互联系又有区别的两个系统。现代车型上的防盗系统均属于电控防盗系统，一般由防盗 ECU、感应传感器、门控灯开关、报警装置等组成，如图 11-2-1 所示。

1. 防盗 ECU

防盗 ECU 是电控防盗系统的核心，一般安装在杂物箱总成内。其接收各种传感器如防盗传感器、车速传感器、各种门的开关信号，根据预先存储的数据和编制的程序，通过计算和判断，确定车门是否锁定，车辆是否非法移动、被盗，以便控制各执行器从而使汽车处于报警状态。

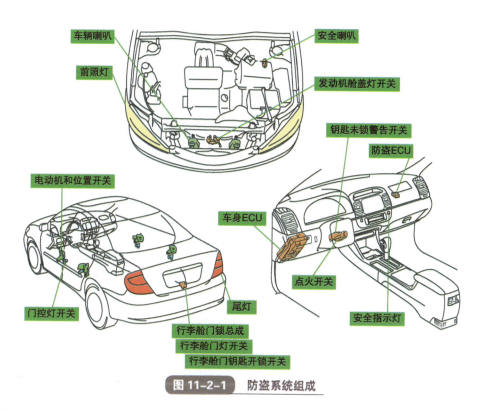

图 11-2-1　防盗系统组成

2. 报警装置

防盗报警装置的作用是通过报警方式提示有人擅自侵入车内，它可触发声音和视觉警报，但前提是必须已启用防盗报警装置。报警装置通常采用喇叭鸣叫和灯光闪烁的方式，主要包括安全喇叭、车辆喇叭、安全指示灯。

3. 信号收集装置

信号收集装置除了各种门的开关信号之外，还包括其他检测车辆状态的传感器，比如超声波传感器、车身高度传感器、玻璃破碎传感器等，用来检测车内是否有非法侵入、车辆发生振动或者倾斜、车窗玻璃被破坏等现象。

第12章 汽车音响、导航系统

Chapter 12

12.1　汽车音响系统基本组成　　230

12.2　汽车导航系统基本组成　　231

12.3　汽车音响、导航系统拆卸及
　　　常见故障诊断　　232

12.1 汽车音响系统基本组成

随着电子技术的发展和驾乘人员对视听享受的追求越来越高，汽车音响系统越来越受到人们的重视，已经成为评价汽车舒适性的指标之一。驾乘人员可以通过汽车音响系统听到优美的音乐，也可接听驾驶所需要的交通信息和新闻。汽车音响系统主要由天线、音响主机、功率放大器和扬声器等组成，如图12-1-1所示。

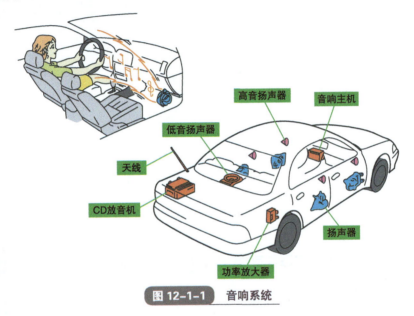

图 12-1-1　音响系统

1. 天线

天线的作用是接收广播电台发射的电波，并通过高频电缆传送给无线电调频装置。

2. 音响主机

音响主机也称信号源，是汽车多媒体系统的节目源，包括汽车收音机（调谐器）、激光唱机（CD放音机）等。

3. 功率放大器

功率放大器的作用是将音频信号进行电压放大和功率放大，然后推动扬声器发出声音。

4. 扬声器

扬声器的主要功能是把音频信号还原成声音传达出来，是汽车音响系统的终端，它决定了车厢内的音响性能。

12.2 汽车导航系统基本组成

汽车导航系统主要由全球卫星定位系统（GPS）和车辆自动导航系统两大部分组成。

1. 全球卫星定位系统的组成及工作原理

全球卫星定位系统由距地面 21000km、在六个轨道面上均匀分布的 24 个地球同步卫星组成，如图 12-2-1 所示。GPS 主要是由空间部分（导航卫星）、地面站（监控部分）、用户设备（GPS 接收器）组成。

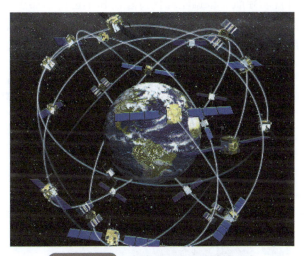

图 12-2-1　全球卫星定位系统的组成

在汽车导航系统中，利用 GPS 的卫星的无线电波来检测车辆的绝对位置。在全球任何地方、任何时刻都至少能看到 4 颗 GPS 导航卫星，如图 12-2-2 所示。确定汽车位置可通过测量电波从卫星至接收器的传播时间来进行计算。车载 GPS 导航系统内置的 GPS 天线会接收到来自环绕地球的 24 颗 GPS 卫星中的至少 3 颗所传递的数据信息，就可以测出接收器在地球上的位置坐标（经度、纬度和高度）。但考虑到实际空间中存在许多误差因素，因此通过第 4 颗卫星来做"双重检验"，以清除这些误差因素的影响。

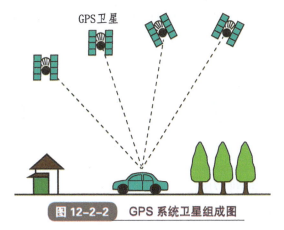

图 12-2-2　GPS 系统卫星组成图

2. 车辆自动导航系统

（1）车辆地理位置定位原理

在车辆自动导航系统中，系统根据导航接收器总成中的陀螺仪传感器和车速传感器来确定车辆的运动轨迹，从而确定车辆的相对位置。陀螺仪传感器位于导航接收器总成内，它通过检测加速度来计算方位，车速传感器用于计算车辆运动距离。

（2）地图匹配原理

当前的驾驶路线由自动导航（根据陀螺仪传感器和车速传感器）和 GPS 导航计算得出。将该信息与电子地图数据中得出的可能路线作对比，并将车辆位置设置到最合适的路线上。经过地图匹配之后，系统将在显示器上显示路线修正情况，如图 12-2-3 所示。

图 12-2-3　地图匹配

3. 汽车导航系统的工作过程

在出发前，用户通过系统提供的输入方法（触屏或语音等）将目的地输入到导航设备中。汽车导航系统根据全球卫星定位系统（GPS）测定的车辆绝对位置和车辆自动导航系统中测定的车辆相对位置，来计算车辆当前的实际位置，并结合车载电子地图及用户输入的车辆目的地计算出最佳行驶路线，并在行驶中将信息（语音/图像）提供给驾驶员，帮助他们快捷到达目的地。

12.3 汽车音响、导航系统拆卸及常见故障诊断

1. 低音喇叭的拆卸

这里以左前门上的低音喇叭为例，其他车门可参考。
①拆卸前车门内饰板。

②断开低音扬声器线束连接器（图12-3-1）。
③拆卸低音扬声器3颗铆钉，并取出低音扬声器（图12-3-2）。

41-后扬声器的拆装

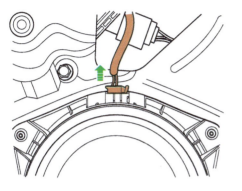

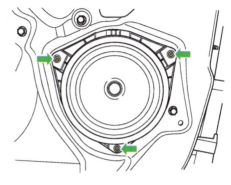

图12-3-1　断开低音扬声器线束连接器

图12-3-2　拆卸低音扬声器铆钉

042-前门1号扬声器的拆装

2. GPS主机拆卸

①拆卸GPS主机盖板（图12-3-3）。

 注意：根据车型不同此步骤拆卸方法不同。

43-前门2号扬声器的拆装

②拆卸GPS主机4颗固定螺钉（图12-3-4）。

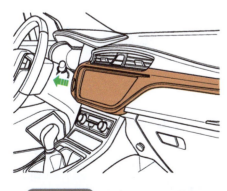

图12-3-3　拆卸GPS主机盖板

图12-3-4　拆卸GPS主机固定螺钉

3. 汽车音响系统常见故障及排除方法

汽车音响系统常见故障及排除方法如表12-3-1所示。

表 12-3-1　汽车音响系统常见故障及排除方法

症状	怀疑部位
按下电源开关不能启动系统	① 整车电源处于非 OFF 位置
	② 系统电源
	③ 音响主机 / 收放机本身故障
面板开关不工作	音响主机 / 收放机本身故障
听不到任何来自扬声器的声音	① 音响主机 / 收放机电源电路
	② 音响主机 / 收放机静音
	③ 扬声器电路
所有模式下音质均不佳	① 音响主机 / 收放机本身故障
	② 扬声器电路
	③ 扬声器损坏
出现不正常噪声	① 音响主机 / 收放机本身故障
	② 扬声器损坏
	③ 音响主机 / 收放机系统受到干扰
无线电收音机夜间无照明	① 整车照明电路
	② 音响主机 / 收放机本身故障

4. 汽车导航系统常见故障及排除方法

汽车导航系统常见故障及排除方法如表 12-3-2 所示。

表 12-3-2　汽车导航系统常见故障及排除方法

故障现象	故障原因
导航仪黑屏的故障	① 蓄电池亏电 ② 交流发电机损坏 ③ 导航仪本身失常
方向偏差较大	① 车速传感器信号、陀螺仪传感器信号缺失 ② 线束损坏
寻找不到目的地	导航信息存储介质（导航光盘）损坏
GPS 无法搜索卫星信号	① 导航仪本身或其系统失常 ② 卫星信号弱 ③ 受到汽车内的其他用电器干扰 ④ GPS 天线损坏